江苏地方文化名片丛书

镇江三山文化

丛书主编 刘德海　本卷主编 曹当凌

南京大学出版社

图书在版编目(CIP)数据

镇江三山文化 / 曹当凌主编. —南京:南京大学
出版社,2015.12

(江苏地方文化名片丛书 / 刘德海主编)

ISBN 978-7-305-16312-8

Ⅰ.①镇… Ⅱ.①曹… Ⅲ.①风景名胜区-介绍-镇
江市 Ⅳ.①K928.705.33

中国版本图书馆 CIP 数据核字(2015)第 313711 号

出版发行 南京大学出版社

社　　址　南京市汉口路 22 号　　　　邮　编 210093

出 版 人　金鑫荣

丛 书 名　江苏地方文化名片丛书

丛书主编　刘德海

书　　名　镇江三山文化

主　　编　曹当凌

责任编辑　孟庆生　荣卫红　　编辑热级 025-83593963

照　　排　南京紫藤制版印务中心

印　　刷　江苏凤凰通达印刷有限公司

开　　本　787×960　1/16　印张 12.25　字数 182 千

版　　次　2015 年 12 月第 1 版　2015 年 12 月第 1 次印刷

ISBN 978-7-305-16312-8

定　　价　28.00 元

网址:http://www.njupco.com

官方微博:http://weibo.com/njupco

官方微信号:njupress

销售咨询热线:(025)83594756

＊ 版权所有,侵权必究

＊ 凡购买南大版图书,如有印装质量问题,请与所购
　图书销售部门联系调换

《江苏地方文化名片丛书》
编辑委员会

主　　任　　王燕文

副 主 任　　双传学　刘德海　汪兴国　徐之顺

委　　员　　（按姓氏笔画排序）

　　　　　　王国中　卢佩民　卢桂平　冯其谱

　　　　　　李　扬　陈红红　陈　涛　赵正兰

　　　　　　徐　宁　徐　璎　曹当凌　崔建军

　　　　　　章树山　蔡丽新　滕　雯

主　　编　　刘德海

副 主 编　　汪兴国　徐之顺

执行主编　　崔建军

《江苏地方文化名片丛书》

镇江三山文化

主　　编　曹当凌

副 主 编　潘法强　王梅芳

/ 总　序

赓续江苏人文精神之脉

王燕文

　　文化自觉支撑国家民族的兴盛，文化自信激发社会进步的活力。习近平总书记深刻指出，中华优秀传统文化是中华民族的精神命脉，是涵养社会主义核心价值观的重要源泉，也是我们在世界文化激荡中站稳脚跟的坚实根基。高度重视文化建设，大力弘扬优秀传统文化，是历史和时代赋予的责任担当。

　　一方水土养育一方人。江苏地处中国东部美丽富饶的长江三角洲，山水秀美，人杰地灵，文教昌明，有着六千多年有文字记载的文明史。在漫长的历史演进中，这片文化沃土不仅产生了众多的闪耀星空的名家巨匠和流芳千古的鸿篇巨制，而且孕育了江苏南北结合、兼容并蓄、博采众长、和谐共融的多元文化生态，形成了吴文化、金陵文化、维扬文化、楚汉文化和苏东海洋文化五大特色区域文化。绅绎这一颗颗文化明珠，光彩夺目，各具特质：以苏、锡、常为中心区域的吴文化，聪颖灵慧，细腻柔和，饱蘸着创新意识；以南京为中心区域的金陵文化，南北贯通，包容开放，充盈着进取意识；以扬州为中心区域的维扬文化，清新优雅，睿智俊秀，体现着精致之美；以徐州为中心区域的楚汉文化，气势恢宏，尚武崇文，彰显着阳刚之美；以南通、盐城、连云港为中心区域的苏东海洋文化，胸襟宽广，豪迈勇毅，富有开拓精神。可以说，不同地域文化在江苏大地交融交汇，相互激荡，共筑起江苏厚德向善、勇于进取、敏于创新的人文精神底蕴。

　　多元文化，共生一地；千年文脉，系于一心。地方文化是区域发展的文化

"身份证",更是整个中华民族的文化基因,展现了我们优秀传统文化生生不息的创造力。在构筑思想文化建设高地和道德风尚建设高地的新征程上,我们要以科学的态度对待传统文化,坚持古为今用、推陈出新,有鉴别地加以对待,有扬弃地予以继承,进行创造性转化、创新性发展,将其中积极的、进步的、精华的元素予以诠释、转化和改铸,赋予其新的时代内涵。只有以文化人、以文励志,力塑人文精神,标高价值追求,提升文明素养,才能涵育出地域发展令人称羡和向往的独特气质。只有以敬畏历史、服膺文化之心,精心保护地方文化遗产,充分挖掘地方文化资源,切实加强地方文化研究,才能传承赓续好人文精神之脉,增强人们对家国本土的文化认同、文化皈依,与时俱进地释放出应有的价值引导力、文化凝聚力和精神推动力。

令人欣慰的是,省社科联和各市社科联以强烈的责任感使命感,组织省内有关专家学者协同编撰了 13 卷《江苏地方文化名片》丛书。丛书按 13 个省辖市的行政区划,一地一卷,提纲挈领,博观约取,独出机杼,既总体上为每个市打造一张具有典型性、代表性的文化名片,又个性化呈示各市文化最具特色的亮点;既综合运用历史学、社会学、经济学和文化学等多学科视角,对富有地方特色的文化资源进行了系统梳理、深度挖掘和科学凝练,又以古鉴今,古为今用,面向未来,做到历史与现实、理论与实践的交集,融学术性与普及性为一体,深入浅出,兼具思想性与可读性。丛书的推出,有裨于读者陶冶心灵,体味地方文化历久弥新的价值,也将对江苏传统文化的传承与研究起到积极示范作用。

不忘本来,开辟未来。植根文化厚土,汲取文化滋养,提升人文精神,促进人的全面发展和人的现代化,这是江苏文化建设迈上新台阶、实现"三强两高"目标的责任所在。我们要进一步加大力度推动江苏优秀传统文化、地方文化在保护中传承,在传承中转化,在转化中创新,让丰沛的江苏历史文化资源留下来、活起来、响起来,着力打造更多走向全国乃至国际的江苏文化名片,为"强富美高"新江苏建设提供生动的文化诠释和有力的文化支撑!

(作者为中共江苏省委常委、宣传部部长)

目 录

序

　　名城镇江，地处长江南岸，历史悠久，人文荟萃，名胜古迹众多，是国家历史文化名城、全国文明城市。名城镇江，一江横陈、三面连岗，群峰相拥、江河交汇，江山相雄、城林相映，气韵壮美、驰名中外，是国家生态城市、重点旅游城市，长三角地区的核心城市之一。

　　镇江三山——金山、焦山、北固山，沿江耸峙，风姿各异，自古至今，享誉中外。金山居首，焦山断后，北固山雄居其间，沿江逶迤展开，风景秀丽壮观。金山绮丽，江天禅寺依山而造，殿堂楼台层层相接，素有"金山寺裹山"之说；焦山雄秀，定慧寺的寺庙建筑均藏于山林深处，又有"焦山山裹寺"之说；北固山险峻，甘露寺高踞峰巅、气势恢弘，形成了别具一格的"北固寺冠山"的特色。

　　古今中外，无数名人志士对三山推崇备至，引以为豪。毛泽东同志盛赞镇江："甘露寺是有名的。"柬埔寨西哈努克亲王参观金山寺后兴奋地说："今天有幸参拜这座令人敬仰的、美丽的金山佛教寺庙，我们感到十分荣幸。"清代康熙、乾隆二帝数下江南，必到镇江三山并留下墨宝。明代日本雪舟和尚登金山，为金山"江心一簇翠芙蓉，金碧晶莹殿阁重"景色震撼，回国绘制《大唐扬子江心金山龙游寺之图》，为中日文化交流留下宝贵资料。

　　在3000多年的历史长河中，镇江山水秀美的自然环境和"代不乏才"的名流大家，造就了自己博大精深的区域文化。而在镇江的区域文化中最靓丽、最具名片效应的则是金山、北固山、焦山这三山文化。名闻遐迩的"天下第一"不胜枚举：北固山为"天下第一江山"，北固山多景楼为"天下江山第一楼"，金山中泠泉为"天下第一泉"，焦山碑林被称为"江南第一碑林"，焦山瘗鹤铭是"大字之祖"。美丽的历史传说引人入胜："焦光三诏不起"、"刘备招亲甘露寺"、"白娘子水漫金山"。"三山"建筑形制风格各异，尤以塔、寺、亭、楼最享盛誉:金山的江天禅寺、焦山的定慧寺、北固山的甘露寺作为镇江不同历史时期的文化符号,被故事传说、诗词歌赋、戏剧小说、电影电视反复演绎激活,在华夏大地持续传播,成为与时代同行的经典记忆。雄浑绮丽的"三山胜境"还吸引了众多文人墨客到此寻幽探古,并留下了大量的名胜古迹和诗词佳话:焦山因摩崖石刻被誉为"书法之山";北固山因辛弃疾的一首《南乡子·登京口北固亭有怀》被誉为"诗词之山",这首词不仅深刻描绘了镇江"三山"的满眼风光,同时侧面印证了镇江古城在历史文化中的特殊地位。在3000多年的镇江灿烂文明史上,留下了诸多具有重大历史影响的鸿篇巨制,为中华文明作出巨大贡献。南朝,在中国文学史上绽放异彩的有两部名著:《文心雕龙》是南朝刘勰著的中国第一部文学理论巨著,《文选》是南朝昭明太子萧统编的中国第一部文学总集。南宋,大科学家沈括编著的《梦溪笔谈》是百科全书式的笔记体科学巨著,在世界科技发展史上具有先锋地位。诸如此类,不胜枚举。

城市发展,需要传承历史、接续文脉,也需要继往开来、奔腾向前。当前,全市上下正在全面贯彻党的十八届三中、四中、五中全会精神和习近平总书记"四个全面"战略布局,以及习总书记视察江苏、视察镇江重要讲话精神,紧紧围绕市委六届九次全会"生态领先、特色发展"要求,以苏南现代化示范区建设为统领,以打造现代化山水花园城市为目标,以生态文明建设综合改革为主抓手,以加快转变经济发展方式为主线,在经济发展新常态下,坚持稳中奋进,着力改革创新,切实改善民生,创造"镇江特色";坚持"生态领先",彰显生态特色,雕琢"山水美玉",让镇江更加宜居、宜游、宜业;坚持依托人文底蕴,发掘"文化富矿",让镇江更具有神韵和活力;坚持加快转型升级,坚持绿色增长,让镇江更加富强、文明、和谐。

镇江三山是镇江文化资源最优、景观资源最美的板块之一,是全国著名的5A景区。我们要进一步深入研究挖掘三山文化,加大宣传镇江三山的力度,提高城市的知名度和美誉度,进一步弘扬三山文化中"勇于争先、敢于创业"等精神内核,激发镇江人改革创新创业之激情,推进镇江又好又快发展,谱写伟大"中国梦"的镇江新篇章。

(作者为中共镇江市委书记)

前

言

　　"铁瓮古形势，相对立金焦。长江万里东注，晓吹卷惊涛。天际孤云来去，水际孤帆上下，天水共相邀。远岫忽明晦，好景画难描。"这是曾任过镇江知府的宋代名相吴潜《水调歌头》词的上半阕，开篇两句，描写的就是形势雄伟、曾建有铁瓮城的北固山，以及相对而立的金山和焦山。

　　自古以来，镇江的金、焦、北固三山，就仿佛三颗光芒四射的明珠，镶嵌在长江三角洲顶端。祖国的第一大川长江与世界最长的人工运河京杭大运河在这里交汇，形成了"二龙戏珠"的奇观。金、焦、北固三山崔嵬耸拔，不为怒涛奔浪摧崩，犹碣石砥柱，屹立古今。北固山居于中，三面临江，虎踞龙盘，奇峭险绝，昂首江天；金山居其右，古时耸峙于巨浪之中，东瞰大海，西控百川，南踞吴越，北通淮阳，其游如龙，其浮若凫，其伏若牛，独擅波光浩渺之胜；焦山居其左，飞峙江心，林木秀蔚，堆蓝凝黛，其浮如玉，其居如螺，其卧如狮，山光缭天，海气晕日，神秀幽邃，恰如蓬阆仙都。镇江三山俨如同枝连根的孟、仲、季三兄弟，挺立于百派同归、万峰欲尽的海门之地，堆云立浪，锁钥神州，雄阔涵浑，气象万千，向为华夏胜景。宋代米芾曾称其在北固山的净名斋："得山川之多而甲天下之胜。"南宋洪迈说："金焦二山萃然天立，镇乎东流，大蓝若岩峣其上，古记谓紫金、浮玉者是矣。浮玉处其左，如幽人逸士，岩栖谷隐……紫金超遥擅胜，不复与同，荡然开辟，八面应敌，所谓江心一峰，水面十里，潭月双映，云天四垂，真能雄跨东南二百州。"明清之际，文人墨客多将镇江三山与古代神话传说中的海上三山相提并

第一章

三山文化的历史脉络

　　风行其脉，河走其床，镇江三山文化沿着自己的历史轨迹前行。它滥觞于古老先吴文化的积淀，其后又与数次南下的中原移民文化融合，并受到外来东西方文化的浸润，逐步发展繁荣。要认识镇江三山文化的内涵及其发展脉络，必须首先了解镇江三山的形成、三山历史文化的基因和文化体系的形成。

第一节　三山的自然形成

　　镇江三山是天造天设的人间胜境。距今约 2.03 亿年到 1.60 亿年前，历经约 4300 万年，即从三叠纪末到中侏罗纪末，镇江地区处在地壳激烈动荡的大变动大改造时期。从距今约 6500 万年早第三纪到现在，是镇江地区现代山水地貌和自然景观的最后形成阶段。纵观镇江全貌，由低山、丘陵、岗地、平原、谷地漫滩、滩涂湿地等组成的多样化现代地貌景观和独特的自然环境，是历经若干亿年地壳运动的塑造、改造而演化形成的。

　　镇江市区山体大致呈东西走向，实际上它们都是宁镇山脉的山体或残丘。山体虽然不高，但绿化较好，郁郁葱葱，在长江冲积平原上，形成了"城市山林"的雄秀景观。镇江的山体形成于中生代末期，燕山造山运动把它们抬升为山脉，同时还发生了一系列的岩浆侵入、火山喷发以及断裂活动。一亿多年来，各种外力活动不断侵蚀、剥蚀、风化着这些山体，以至变成如今的模样。虽说同处宁镇山脉，但因为局部的差异，其具体成因也不尽相同。

金山原由三叠系的石灰岩组成，后因多次的岩浆侵入，在地下逐渐冷凝，形成了大片的侵入岩体。现在金山楞伽台下，七峰亭和戏鼋石上看到的全是这种侵入岩，地质上叫作花岗闪长斑岩。金山还有白龙洞、法海洞、古仙人洞、朝阳洞等洞穴，全为侵入岩裂穴洞。

焦山是因长江沿江的断裂作用而形成的。断裂像是大自然的一把利剑，劈出了许许多多的峡谷和深渊。那次断裂发生在大约 1.36 亿年前的晚侏罗纪末期，称为长江大断裂或沿江大断裂。据专家研究，焦山及松山、寥山、象山原本是一个隆起的背斜，长江大断裂发生后，这个绵延东西的背斜的北翼因沉降而陷落下去，平均陷落 40 米以上。现在在江南沿岸保留的基本上都是这个背斜的南翼，如镇江象山。因为北翼陷落得不均匀，焦山和紧靠的寥山、松山陷落的幅度较小，所以成为长江大断裂唯一保留的北翼。从焦山、象山相对应的岩性和相反的倾向（焦山岩层倾向北东，倾角 60°，象山岩层倾向南东，倾角 54°）可见，它们实系一个倾伏背斜。长江就是在这个断裂的基础上发育而成的。焦山、象山剖面对于长江大断裂的研究具有独特意义，它是长江大断裂唯一得以保存至今的物证。焦山西麓有三诏洞，为侵入岩裂隙洞。

北固山与焦山则不同，是火山喷发后由火山岩形成的，火山口因沿江断裂沉入了长江之中。在北固山，从下向上看，山脚下的粗面集块岩是火山开始喷发最早形成的一种岩石。其上覆盖着凝灰岩，是由火山灰凝聚而成的。现在北固山中峰原气象台下面的陡壁处露出的即是这层凝灰岩。甘露铁塔和走马涧附近是粗面岩，是构成北固山的主体。有的地方，如用放大镜仔细看，还能看到其中矿物顺着某个方向整齐排列着，这是岩浆流淌时表现出的流纹状构造。北固山观音洞和西津渡观音洞、紫阳洞分别属于火山岩和岩浆岩的裂隙洞。①

金、焦、北固三山的形成，完全是大自然的造化之功。但是，因为中国古代大禹和秦始皇为百姓做了不少好事，因此在镇江民间也流传了不少关于三山成因的神话传说。一则故事说，4000年前的中国，经常遭受洪水侵袭，大禹由群臣推举，担负了治水重任，他巡行广大受灾地区，"命诸侯和百姓，兴人徒以傅土，行山表木，定高山大川"；他劳身焦思，"勤劳天下，日夜不懈"，居外十年领导治水时，决定"于吴，则通渠三江、五湖"，"注之东海，以利黔首"。他为了阻扼如脱缰野马般狂奔的江流，以形成长江三角洲广袤的沃土，便特意将金山、焦山、北固山如同定海神针一般插入临近海口的浩浩大江。从此，长江就如同一匹被绊住脚的野马，江流只能平缓地流入大海，造福两岸人民。另一则故事说，金、焦、北固三山，都是秦始皇举着赶山鞭从昆仑山一路上吆吆喝喝赶到长江来的。秦始皇原来是要把这些山赶去填海，因为他赶得汗流浃背，十分疲劳，就休息一会，于是焦山停在江心，北固山靠近江边，金山蹲在最后，一个个都不走了。东海龙王害怕大海被群山填平，龙子龙孙没有栖身之地，便趁此机会设计由龙女变化为美丽的村姑诱惑秦始皇，使其上当。秦始皇才坐下休息，朦胧中发现身后有户人家，门半掩着，便上前去讨碗水喝。没等他敲门，门就轻轻地打开，走出一个年轻美貌的姑娘，很有礼貌地请他进屋。秦始皇刚进屋，姑娘就热情地打水递茶，上酒端菜，忙个不停。说也奇怪，秦始皇见了这位美丽、热情而又大方的姑娘，便一见钟情，同桌对饮，越谈越投机。月下，两人竟互相表达起爱慕之情来，并双双跪下立下海誓山盟，当夜，两人还成了一对卿卿我我的小夫妻。第二天，秦始皇醒来一看，那姑娘却不见了，再掏掏怀中的神鞭，好在神鞭还在，他见时候不早，便赶忙举鞭吆山赶路。谁知，鞭子甩了又甩，金、焦、北固三山却纹丝不动，根本不听吆喝。他这才大吃一惊，知道昨晚上了那姑娘的当，原来她在甜言蜜语中偷换了神鞭。神鞭一换，秦始皇再也赶不动山了，金、焦、北固三山便永远停留在江中了。

---

① 霍义平、高曾伟主编：《千古江山》，江苏人民出版社2004年版，第44、45、52、53页。

第二节　三山文化的历史基因

文化是人创造的,人是社会关系的总和。因此,可以说,文化是社会环境的产物,而社会环境又受地理环境的制约,不同的地理环境往往造就出不同风格的民族文化特点。镇江三山文化,由于其特殊的地理环境和文化生态,它的历史文化基因是由多方面的文化积淀、碰撞和融合而成的。

一、土著先民的文化积淀

人类文明离不开大江大河的哺育,长江是中华文明的发源地之一。早在距今约1万年前,镇江的先民就已在宁镇山脉的丘陵岗地和沿江岗地上生息繁衍。当时长江就在镇江一带入海,长江口为一喇叭形海湾。先民们大都聚居在依山傍水的长江沿岸台形高地上,从江中汲取饮水;制造石器,猎取鹿类等野兽;采集植物根茎果实,捕捞蚌、鱼、虾等水生生物,过着十分简单而艰苦的生活。考古资料表明,在金山对面西津渡口的云台山上,就曾发现新石器时代原始先民居住的遗址,并出土有原始陶器等,时间距今约5000年,应属于母系氏族公社时期。

二、中原移民文化的流播

1954年,镇江大港烟墩山出土了"宜侯矢簋"青铜器,刻铸的120余字铭文,记载了周康王迁封虞侯矢为宜侯矢的经过,宜侯矢是太伯、仲雍的曾孙周章。"宜侯矢簋"是我国目前所出土的唯一记载西周早期分封诸侯的珍贵历史文献,也是江南进入文明史最早的见证,这表明镇江地区是吴文化的重要发源地之一。秦始皇三十七年(公元前210年),设丹徒县,现在的镇江城区是秦代丹徒县西乡的京口里,对从这里出土的汉代及三国遗址的陶器、瓷器及冶铁作坊遗址进行分析可以看出，这些文物具有中原文化与吴越文化的双重特征，说明镇江古代经济文化的发展受到了南北交流的深刻影响。《三国志·吴书》记载，孙策进军江东后，派孙河"屯京地"，"后为将军屯京城"。京城位于北固山前峰，濒江望海，战略地位十分重要。建安九年（204年），孙河的侄子孙韶"缮治京城"。建安十三年（208年），孙权自吴（苏州）徙京口，京城成为东吴的政治、军事中心。东汉末年，中原战争频发，北方民众大举南下，在南下的人中，焦光是见诸史载的重要代表。《魏略》也说："名光，字孝然，建安末，关中乱，光独居河渚间，自作一瓜牛庐，处其中。"所谓河渚，即指京口去城九里江中的焦山，为"焦光所隐"。汉末南下京口的侨民为开发京口作出了积极贡献。西晋末"永嘉之乱"中，许多北方世家大族和平民百姓举家南迁，京口成为"永嘉南迁"的主要侨置地。据谭其骧教授估算，东晋官府在京口及其附近地区安置的侨民多达22万，超过了本地的20万居民。到南朝宋时，设立南徐州，治所设在京口。这些北方移民，不仅带来了先进的中原生产工具与技术，而且拓宽了南北文化的交流渠道。《寰宇记》记润州云："吴越之君皆好勇，故其人好用剑。自永嘉南迁，斯为帝乡，人性礼逊谦谨，婚嫁丧葬，杂用周汉之礼。"唐代刘禹锡《北固山诗》中的"风俗泰伯余，衣冠永嘉后"，就是对镇江三山受商末太伯、仲雍率领周人南下以及西晋末年"永嘉之乱"中原百姓南迁深刻影响的最好描述。两宋之时，由于金兵连年南侵，北方人口大规模南迁，出现全国性移民浪潮。《宋史·食货志》说："高宗南渡，民之从者如归市。"由此出现了难民潮，滞留在镇江一带的难民估计有数万之众。高宗绍兴末，金主完颜撕毁和约，发兵60万四路攻宋，两淮居民纷纷南逃，"淮人率奔京口"，出现第二次难民潮。南宋后期，蒙古灭金后转攻南宋，理宗端平年间蒙古军入侵淮西，江淮百姓又一次南奔，元《至顺镇江志》说："宋端平丙申后，淮士多避地京口"，出现第三次难民潮。南宋时镇江再一次成为移民集中的城市。移民以河南、山东、淮南等地人口为主，其中不少侨居在镇江，如镇江城南曹氏，相传先祖为宋开国大将曹彬之后，金兵南下始迁祖曹斗保随宋室南渡，卜居在城南崇德坊；镇江东郊大港赵氏，相传为宋皇室赵德昭后代，金兵南下始迁祖赵子褫自中州移居镇江，成为当地第一大姓，后代中有民主革命家赵声;镇江梦溪严氏,北宋末始迁祖严永中自汴京(开封)移居镇江府城内严家巷;镇江茅氏,原籍河南汴梁,建炎南渡时,先祖扈从高宗渡江居京口,著名桥梁专家茅以升即为其后人。[①] 南迁百姓大多聚族而居,有的习儒入仕,后代子孙兴旺,渐为地方显族世家。元、明、清至近现代,中原到镇江的移民一直未断。因为金、焦、北固三山位于北方移民南渡的冲要之地,三山特殊的地理位置决定其文化必然会受到移民文化的诸多影响。

三、外来东西文化的融合

镇江三山文化不仅深受移民文化的影响,而且经受了外来东西方文化的碰撞、冲击和浸润。镇江历来是"南北咽喉,七省粮道,尤为紧要之区",江南的漕粮和税银都要经由镇江从运河北运。在鸦片战争中,英国侵略军为了强烈震撼清政府,进行军事讹诈,发动了所谓的"扬子江战役",旨在占领长江和运河的交汇处,扼住清政府的咽喉。1842 年 7 月 21 日凌晨,7000 多名英国侵略军乘船舰从北固山至金山南岸登陆,穷凶极恶地向镇江城发动进攻。英军以血腥的武力攻占镇江后,逼迫清政府签订了中英《天津条约》,要求清政府同意于镇江立口通商,并签订镇江租界永租契约,英租界就设在金山对面的西津渡口。1861 年 5 月 10 日,镇江正式开埠通商。1864 年,英人迅速在西津渡口建设了领事馆公署,此外,还设立了巡捕房等警察机构。同年农历四月二十七日,在西津渡东侧设立镇江海关通关。紧接着,外国资本家在镇江设立洋行,开办轮船公司,建造码头,设置趸船,控制长江岸线,以后又扩展到运河的客货营运等。1912 年,英工部局在租界内建自来水厂。1866 年,镇江海关内设邮务办事处。外国列强的这种种行为,一方面说明他们对中国经济的掠夺,另一方面也反映了西方文化的渗入,为镇江三山文化的多样化发展起到了促进作用。

---

① 严其林:《镇江史要》,苏州大学出版社 2007 年版,第 94—95 页。

第三节　"京口三山"名重天下

今镇江一带是周康王时所封宜侯的领地,宜是镇江的最早地名;春秋吴建国后,称朱方;秦始皇三十七年后,称丹徒;三国孙权筑京城后,称京口;隋统一后,称润州;宋徽宗政和三年,升润州为镇江府,镇江之名就一直沿用至今。

大江横陈,江河交汇,群峰环抱,形成镇江的重要地理特征。南宋陈亮在《念奴娇》词中概括镇江地理形势:"一水横陈,连冈三面,做出争雄势。"在镇江千山环绕中,金、焦、北固三山,濒江临海,风姿绰约,气象万千,自古以来,成为江东的揽奇赏胜之地。早在三国时,孙权就在北固山建铁瓮城。东汉时,焦山建有佛教寺院。东晋时,金山建有泽心寺。那时,"京口三山"就已成为江东的标志性景观并闻名于世。"京口三山"悠久的历史、雄秀的风姿、壮美的气韵、迷人的传闻给历代游览者以喷泉一般永不枯竭的灵感和文思,许多祖居、官居、客居和游历于此的帝王将相、雄才巨卿,都挥动如椽之笔,写下了许多千古传通的诗文。刘义庆《世说新语》云:"荀中郎在京口,登北固望海云:虽未睹三山,便自使人有凌云意,若秦汉之君必当褰裳濡足。"其意思说,东晋时,任徐州刺史镇京口的荀羡,登上北固山眺望大海说,虽然未能看到神话传说中所谓的海上三神山,但也有了如游霄汉、超尘脱俗、飘然若仙的感觉。如果是秦始皇、汉武帝,则必当要到海上一游,撩起衣角,让海水打湿双脚。相传梁武帝萧衍曾于天监四年(505 年),亲自到金山佛寺参加水陆法会盛典。他于大同十年(544 年)正月,又"幸朱方",登北固山,兴致很高,登望之后说:"此岭不足须固守,然京口实乃壮观。"他将北固山改名为北顾山,并即景抒怀,作《登北顾楼》诗。他还赐给寺庙两只大镬,以供僧人贮水饮用,并为北固山题写了"天下第一江山"六个大字,揭于楼上。他的第三个儿子,后来继承帝位的简文帝萧纲也写了《奉和登北顾楼》诗。大业元年(610 年),隋炀帝杨广"敕穿江南河,自京口至余杭"。自此,大江南北往来皆以京口为通津。举凡帝王将相,迁客骚人,应举游幕者,途经于此,无不登山临水,吟咏流连。

一时北固望海盛誉天下,三山风月尽入吟怀。唐代诗仙李白来到焦山望松寥山,顿有飘然欲仙之感,不禁引吭高歌:"石壁望松寥,宛然在碧霄。安得五彩虹,驾天作长桥。仙人如爱我,举手来相招。"他随永王李璘东巡到北固山附近时,仰天长啸:"丹阳北固是吴关,画出楼台云水间。千岩烽火连沧海,两岸旌旗绕碧山。"与李白常相唱酬的道士吴筠,在《登北固山望海》诗中也表白了欲跻览沧海,羽化仙去,与"蓬莱仙人"安期生为友的心境:"云生蓬莱岛,日出扶桑枝。万里混一色,焉能分两仪?愿言策烟驾,缥缈寻安期。挥手谢人境,吾将从此辞。"唐代窦庠则认为金山为天开地设的人间绝胜,而所谓海上三神山只不过是古代的神话传说而已,又何如眼前丹楹碧砌,如日宫月窟的灵境金山呢?他在《金山行》诗中云:"信知灵境长有灵,住者不得无仙骨。三神山上蓬莱宫,徒有丹青人未逢。何如此处灵山宅,清凉不与嚣尘隔。曾到金山处处行,梦魂长羡金山客。"除了唐宋留存有大量吟诵"京口三山"的诗词名篇外,宋代以降,还留存有许多关于"京口三山"的文赋游记。北宋曾旼《润州类集·序》云:"润州,春秋所书朱方也。……朱方之重,非一日也。江山清绝,襟吴带楚。芙蓉名楼,甘露表寺,幽赏丽观,不出城市。水嬉,则焦庐、裴岩相望于西江之中。"曾旼所说的"甘露表寺"指北固山;"焦庐"为焦光草庐,指焦山;"裴岩"为裴头陀岩,指金山。宋代帝王对"京口三山"的梦游和尊崇,也增加了三山的神话色彩,使之更加名重天下。史载,宋真宗赵恒曾梦游金山,大中祥符五年(1012年),亲书"龙游山"三字悬于金山大门。天禧五年(1021年),他送钱三百万给金山修建寺宇,并将江南西津田地及土山赐于金山寺。不久,他又说梦见焦山隐士焦光送龙虎丹给他补养龙体,便于大中祥符七年(1014年)敕封焦光为灵应真人,并立三诏洞祀奉。宋徽宗赵佶于政和四年(1114年),一度改金山龙游寺为道观神霄玉清万寿宫,他不久又复名龙游寺。宋高宗赵构游建康(南京),又来镇江游金山,其子赵昚即后来继帝位的宋文宗从游并作《金山》诗。宋朝帝王对"京口三山"心梦神驰,官僚士大夫们则超然神往,接踵而至,朝山览胜。王安石四次游金山,并留下诗作。广陵诗人王令九登金山,在《润州游山记》中不仅描绘了三山的山容山貌,而且记述了山民的生活。苏东坡到三山的次数则更多,文字记载其到金山就有11

次之多,以至于暮年时还想终老在金山对面,西津渡口的蒜山松林院中。米芾先世居太原,幼年随父徙居襄阳,因为深爱润州江山壮丽,便定居于润州。他以一方小石山向苏仲恭学士换得了北固山南麓的一片房产,认为其地濒江临海,是润州绝佳之境,就在此营建了海岳庵,在门前题额"天开海岳",并自号海岳外史。他在镇江生活了40年,死后葬于南山。北宋五朝重臣、一代贤相、科学家苏颂致仕后定居于润州。沈括喜爱润州山川之盛,曾托人在润州买了一方梦中所游之地,兴建家宅园林。在朝廷准许他"任便居住"后,便举家迁居于润州梦溪园。宋代,北固山下,朱方门内外,可谓甲第云屯、名园星聚。当时,世间流传有"生居洛阳,死葬朱方"的谚语,许多显官达贵都定居润州而终老。至元十四年(1277年),元世祖忽必烈重用提拔马薛里吉思为虎符怀远大将军、镇江府路总管府副达鲁花赤。次年改授明威将军,居官三年后休官,专务建教堂。他共建十字寺7所,其中6所在镇江。他占金山寺在西津渡的寺田修建十字寺的行为,有人报告了怀宁王海山。当海山于大德十一年(1307年)五月即帝位后,即降玺书,遣宣政院断事官驰谕江浙等处行中书省说,外道也里可温倚势擅作十字寺于金山地,令毁拆十字,命前画塑白塔寺工刘高,重作佛像,绘画寺壁,永以为金山下院。至大己酉年(1309年),金山寺僧应深以元武宗海山之命主持金山佛寺并西津渡银山东西二院。元武宗还敕命使者到金山,要求按照梁武帝时的仪式,修水陆法会。金山寺僧应深于辛酉年(1321年)在金山寺右建万寿阁,上严万佛之像,下塑五百罗汉。甲子年(1324年),上皇帝海山,沿江而下,亲至金山登万寿阁,并以国库千金赞助。三年后,新皇帝图贴睦耳登大宝,又三次遣使者,斋送名香白金至金山佛寺。他还亲临金山,写有《金山纪游》诗。至顺元年(1330年),朝廷又赐内府宝钞五万缗给金山佛寺。明代,帝王将相,诸侯重客游历三山,往还不断。至正二十五年(1365年),朱元璋自立为吴王,喜气洋洋地进入镇江,驻跸北固山下的秋月潭,在凤凰池上召见本地名士,还脱口说出一句诗:"甘露生泉天津降。"西津渡口的紫阳洞驰名大江南北,明武宗朱厚照曾于正德十五年(1520年)闰八月十八日巡临。明万历二十一年(1593年),神宗朱翊钧赐金山藏经并敕谕金山寺犹称龙游禅寺。

明代,镇江地方官和文人墨客则直接将"京口三山"比作海上三神山,并修编"京口三山志",更使"京口三山"名播四海。明正德己巳年(1509 年),兖州人史鲁在镇江任推官之职。他看到镇江大江横陈,金、焦、北固三山鼎峙于江中,确为天下所传,金鳌、浮玉砥柱中流,北固则龙盘虎踞。他四处寻找有关记述"京口三山"的书籍,仅得民间旧本《金山形胜录》《焦山志》和一本《多景楼诗集》,多为泛载前人题咏之书,而"京口三山"的历史事迹则多已煨烬不存。他深感"京口三山"乃天下之名山,天下之名山岂可没有专志? 镇江的士大夫也早已有如此想法。有一天,他们将这个想法向史鲁提出,希望史鲁能牵头编一部将"京口三山"史迹合为一体的专志。史鲁觉得众人的想法和自己完全一致,就与同僚们筹划,议定请本乡进士张莱编撰此书。张莱考三山名迹、沿革及历代诗文,汇而辑之,编成《京口三山志》,并不远数百里至华亭(今上海松江),请曾任侍讲学士掌翰林院的顾清取舍裁订。顾清深感北固、金、焦为京口三名山,其形势之雄,风物之美,文人墨客之品题,皆足以胜于天下。他欣然应允,帮助诠释、次其后先、考订疑阙,定为 10 卷,最终编成著名的山志之一。明万历年间,镇江知府霍镇方又与丹徒县知县荆时荐同修《京口三山志选补》。明代文学家屠隆在《三山志序》中说:东方朔《神异经》所传蓬莱、方丈、瀛洲三山,在大海中,多珍禽异兽,灵药瑶草,往往为高情胜气者所艳慕。又相传以为巨鳌戴之,横波乘涨,世罕得登,几于恍惚汗漫。而所谓金、焦、北固三山者在润州,灵诡空阔,庶几大海三山之亚。北固峙润州,北觌临长江,沙岸若崩,海门若画,业称南徐巨观。而金、焦两山,则屹然大江中流,琳宫金刹矗其上,而鼋鼍蛟蜃走其下,极烟云之吞吐,洪波之砯击,古今之递迁,朝市之互更,人物之消沉,而了莫之易也。振衣崇冈,濯足长流,俯仰之间,何其适也,美哉斯观!

"京口三山"不仅名驰宇内,而且名重海外。汉魏六朝时,多有今时巴基斯坦、印度、斯里兰卡等国的僧人,有唐代的西域客、元朝的色目人,还有不少中亚、西亚、波斯、阿拉伯乃至欧洲人等,当然,最多的还是日本、朝鲜等国人士,可谓络绎不绝,史不绝书。他们之中,有王公贵族、僧侣、传教士、商贾和探险家等。唐代周繇《甘露寺》诗云:"殿锁南朝像,龛禅外国僧。"唐代曹松

《甘露寺》诗也云："北固一何峭,西僧多此逢。"宋代徐照《金山寺》诗起句便道："两寺今为一,僧多外国人。"

元代,中国朝廷对山水相依的朝鲜十分友好,朝鲜君臣到中国来都受到特殊优待。延祐六年(1319年),留居大都(今北京)的高丽前王王璟信仰佛教,到江南降香,高丽前首相权汉功和被誉为"朝鲜三千年之第一大家"的著名诗人李齐贤陪同前往。他们沿运河南下杭州,往返都经过镇江登岸游览。他们游览了"京口三山"后,李齐贤兴致勃勃地写出了许多优秀诗作。他在游金山时写下了《金山寺》一诗:"旧闻兜率庄严甚,今见蓬莱气益闲。千步回廊延涨海,百层飞阁拥浮山。忘机鹭宿钟声里,听法龙蟠塔影间。雄跨轩前渔唱晚,练波如扫月如弯。"其诗生动形象地描绘出金山寺楼台亭阁,层接山巅的"寺裹山"的建筑风格。他在游焦山时,曾作《焦山》诗,描绘了金、焦相连,江天浩渺,孤岩独秀的雄俊景色。李齐贤曾两度游北固山,还在多景楼上住过一夜,欣赏雪景,先后写了三首诗,其中《多景楼雪后》尤为精彩:"楼高正喜雪漫空,晴后奇观更不同。万里天围银色界,六朝山拥水晶宫。光摇醉眼沧溟日,清透诗肠草木风。却笑区区何事业,十年挥汗九街中。"他从镇江北返大都后,还经常回忆起经过"浮玉山"、四处买酒助兴,然后又寻游北固山、登览多景楼的情景。

在中西文化交流史上,七百多年前来到中国的意大利旅行家马可·波罗无疑是位先驱者,他在那部刚面世便轰动全欧洲的《马可·波罗游记》中,写到西津渡口山上所建聂思脱里派基督教徒的两座礼拜堂。写瓜洲城时,还连带写到金山:"应知此瓜州城对面江中,有一岩石岛,上建佛寺一所,内有僧人两百。此寺管理不少偶像教徒庙宇,如同基督教徒之大主教堂也。"雪舟等杨(1420—1506)是日本画僧,明成化四年(1468年)秋天,他作为从僧来到中国,曾经两游金山,饱览了金山寺梵刹宏开,雄镇江流,丹辉碧映的美丽风景。回国后,他满怀崇敬流连之情,精心绘成了金山寺图,并题名为《大唐扬子江心龙游禅寺之图》。嘉靖十八年(1539年),日本访华使节策彦周良曾专程到西津渡紫阳洞参拜。

清代,镇江诗人冷士嵋在《夏日访友金山寺》诗里说:"访客来萧寺,潭空夏不屙,时逢外国衲,尚有六朝经。"他在《登妙高峰留题》诗中还写到:"折苇番僧渡,乘槎海客来。"可见其时外国僧人和游客经西津渡到金山是络绎不绝,盛况久远的。

美国作家赛珍珠(1892—1973)是受美国长老会派遣到中国传教的赛兆祥夫妇的女儿,出生当年就随父母来到中国,在镇江生活、学习、教书达18年之久,她在镇江英租界附近学习、游玩、教书,她经常到京口三山游玩,她母亲去世后葬在西津渡口的洋人公墓,她创作了大量关于中国人民生活的文学作品,如《大地》、《儿子们》、《分家》、《母亲》、《东风·西风》等,1938年她获诺贝尔文学奖。瑞典皇家学院的评语写道:"赛珍珠女士以她的文学作品促进了西方世界和中国的相互理解与欣赏。"

第二章　三山文化的景观标识

每个景区的文化景观都有其独特的记号、符号或标志物，显示它特有的文化因子和文化积淀。镇江三山，鼎立于江河交汇的"十字黄金水道"，北固山为江城要塞、州府枢机，巍然雄踞于中，金山西峙，焦岭东偃，连为一体，南临铁瓮城垒，北倚扬子天堑，西控龙蟠之都，东引海门要津，可谓水陆辐辏，四方具瞻。"天下名山僧占多"，三山灵秀，代有异人，这里高僧大德，学行双修，开宗立派，名德素重，招提精篮，梵宇琳宫，与名山胜水相雄、相融、相辉。南宋名相周必大曾说："京口谚云，金山屋里山，焦山山里屋。"这两句民谚后来演变成了三句："金山寺裹山，焦山山裹寺，北固山寺冠山。"这三句民谚说出了三山文化的景观标识。园林专家陈从周先生也深表赞许，他说："三山景色之美，各有千秋：焦山以朴茂胜，山包寺；金山以秀丽名，寺包山；北固山以峻险称，寺镇山。"[1]他还说："镇江金山、焦山、北固山三处之寺，布局各殊，风格终异。金山以寺包山，立体交通。焦山以山包寺，院落区分。北固山以寺镇山，雄踞其颠。故同临长江，取景亦各揽其胜。金山宜远眺，焦山在平览，而北固山在俯瞰。皆能对观上着眼，于建筑物布置上用力，各臻其美。"

---

[1]　陈从周：《园林清议·说园三》，江苏文艺出版社 2005 年版，第 22 页。

第一节　江河交汇拱三山

　　江河奔万里,三山渺千秋。滚滚的长江和京杭大运河日夜奔腾着、汹涌着、澎湃着,其源永不竭,其势不可挡,其流不可遏……如果从高空鸟瞰镇江,长江与京杭大运河恰好在镇江交叉成一个吉祥的数字:"十"字。长江恰如刚健有力的一横,京杭运河则如柔媚秀丽的一竖,这一横一竖构成了妙绝人寰、独步天下的"十字黄金水道",天工开物,鬼斧神工。镇江不仅有江河交汇的十全十美,而且有风月无边的金、焦、北固三山,又完全应了古人千古佳话中"十洲三岛"的仙境。两条大江大河与三山欢腾相拥,江水拱卫着三山,水随山转,得山而媚,因山生妍;而三山也因水而润、因水而雄、因水而奇。江、河、山浑然一体,山水相连、山水相融、山水相映的景致,展示了三山的无穷变幻,合奏了三山的美妙乐章,孕育了三山的丰厚文化,赋予了三山黄金般的地位。

图 2-1　长江运河交汇处

长江不墨千秋画。长江的下游一名扬子江,是因为江流经过北岸扬州的扬子桥和扬子县而得名,那流经南岸镇江的一段别名为京江,也称丹徒江。唐代徐坚等所撰《初学记》说:"长江有别名,则有京江;江带郡县则因以为名,则有丹徒江。"丹徒江之名早已见于东汉王充的《论衡·书虚篇》说:伍子胥恨吴王,驱水为涛,"今时会稽、浙江钱唐、丹徒大江皆立子胥之祠,盖欲慰其恨心,止其猛涛也"。京江之名,始于六朝,是因京口之名的影响而起的。南朝宋山谦之的《南徐州记》说:"京江,《禹贡》北流也。"唐人诗歌中,京江一词,屡见不鲜,如王昌龄写有《宿京江口期刘慎虚不至》诗,许浑的《思丁卯村》说:"呼嗟楼下水,几日到京江?"杜牧的《杜秋娘诗》说:"京江水清滑,生女白如脂。"京江西接汉沔,东入大海,自古以来,舟楫航行不绝。记述上古三代地理的战国时著作《尚书·禹贡》记扬州的贡道是"沿于江海,达于淮泗"。秦末农民大起义,陈胜部下广陵人召平渡江至吴(今苏州),说服项梁、项羽叔侄起兵反秦,项羽亦率八千子弟兵渡江而西,这是镇扬交通有文字记载的第一次。西汉初年,枚乘上书吴王刘濞劝止其叛乱说:"汉知吴有吞天下之心,赫然加怒,遣羽林、黄头,循江而下,袭大王之都。"五臣注:"羽林、黄头,皆水战者也。"可见那时即已有长江水师可以从上游直下今镇扬一带。京口是南朝宋武帝刘裕的出生地和发祥地,他曾奔袭西津渡口的蒜山(今云台山),大破孙恩之军。其子宋文帝刘义隆"驾幸丹徒",凭吊蒜山古战场。颜延之在《从车驾京口游蒜山作》诗中的"春风江涛壮"语,即描写三山一带的江涛。宋代,多有海南商船经镇江到扬州贸易,苏轼有诗道:"东来贾客木棉裘,饮散金山月满楼,夜半潮来风又熟,卧吹箫管到扬州。"京江水道,自西面高资镇江口,到东边常州的孟河口,长约 125 多公里。京江的江面古代是十分宽阔的。约 6000 多年前,大江在镇江的东面入海,以后由于河流挟带泥沙的冲积,沧海变为桑田,江口逐渐东移,形成了土地肥沃的长江三角洲。隋唐以前,镇江、扬州之间的江面宽 20 多公里,江潮直通扬州城下。后来由于长江主泓道南移于南岸一带,江中的瓜州逐渐淤涨,与扬子桥连为一体。唐代江面束狭一半,宽约 10 公里,到宋代就只有 9 公里,到了清初,只有 3.5～4.0 公里。19 世纪30 年代,长江圭泓道北移,北岸瓜州崩塌,镇江江岸开始淤涨,金山到清同治年间已与镇江江岸相连，成为陆岛。

运河无弦万古琴。镇江三山在地理上的重要性，在于它处于大运河与长江的交汇点上，南北东西，航路四达，形成了特殊优越的地理位置。京杭运河是中国也是全世界最长的一条人工开凿的河渠，它北起北京，南至杭州，途经北京、天津两市及河北、山东、江苏、浙江四省，沟通海河、黄河、淮河、长江、钱塘江五大水系，全长1794公里。镇江是江南运河的起点。古代，江南富庶地区的粮食物资主要由这里过江北运，北方的特产也经过这里输送到江南各地，而镇江三山则是南北交通的"跳板"和"门户枢纽"。直接通往今镇江入江的运河则始于秦代。唐李吉甫《元和郡县志》记润州丹徒县："初，秦以其地有王气，始皇遣赭衣三千人凿破长陇，故名丹徒。"又记丹阳县："本云阳县地，秦时望气者云有王气，故凿之以败其势，截其直道，使之阿曲，故曰曲阿。"此前张勃的《吴录》及顾野王的《舆地志》也有类似记载。可见秦始皇曾命人对此间冈陇进行开凿。南朝宋刘桢的《京口记》记有秦始皇凿断丹徒京岘山前龙目湖中的长冈，"今水北注江矣"，更可征明凿长冈与开运河有关，从此，"丹徒水道通吴会"。后来，苏州以南至钱塘江的渠道也被开通了。隋统一南北后，炀帝大业六年（610年）敕开江南运河。"隋氏作之虽劳，后代实受其利"，唐代白居易曾作诗称赞说："平湖七百里，沃壤二三州。"交通枢纽的优势，促进镇江手工业的发展和商业的繁荣，与运输有关的造船、冶炼以及与群众生活有关的丝织品等行业尤其活跃，唐代，镇江生产的丝织品，已列为贡品，火麻纺织品居全国第一；宋代，镇江已能造战舰、马船、渡船等；明清时，造船业又有新的发展，战船、驿船、粮船等都能建造，郑和下西洋所乘的船，其中就有镇江造船业承造的船只。造船业的发展又推动了缆索、桐油、铁木业等相关行业的连锁效应，冶炼、丝绸业等曾兴旺一时，在全国具有一定地位，其他如铜器、金银加工、酿酒等行业也多有发展。镇江运输业与手工业的发展，促进了商业的繁荣。六朝以来，镇江的商业活动就很频繁，唐宋时期，已商户如云，有官商、坐商、行商等各个档次的大小商人，还有专搞运输的商人，包括西域商人、海南蕃船等。他们转运商品，供应货源，把东南的茶叶、江西的瓷器，经运河北上，到北方出售，经销十分繁忙。南宋时，江西的糟米、淮南的茶盐、两浙的鱼盐、湖广的金铁羽毛，经镇江从运河运到临安，供应朝廷。宋代，镇江的商业税额占全国第八位，成为当时繁华的商业城市。

镇江三山，因江河而美、因江河而兴，天开画图、地展雄藩。古人云："山之与水，相胥而后胜。山非水，则石悴而云枯；水非山，则势夷而气泊。"清代邵长蘅说："海之内，山水之挟奇而名者，不可数计，而或山与水相遭，则大奇矣。而山与水相遭，势足相敌，则益奇。江以南，故名山水处也。其水汹涌澎湃，鱼龙吟啸，奔折数千里而东注者曰大江。环三州之境，周五百里，掀天浴日，潆淼不见涯，诶曰具区。而扼大江而争奇者，其山曰金、曰焦。距具区而争奇者，其山曰洞庭七十二峰，盖相遭而势又足相敌，予行天下不数见是也。"

江河交汇拱三山，在古代形成了京江潮的奇观。京江潮又称为广陵潮。镇江焦山附近，就是古代长江奔向大海的"海门"，因为受太阳、月亮的引力作用，江海在涨潮之时，潮水互相拥挤，左冲右突，就形成了喷珠溅玉、泻雪吐霰、际天而来、怒吼狂奔、吞天沃日、其势如山、其声如雷的大潮。古代的京江潮则丝毫无逊于今浙江的"十万军声半夜潮"。枚乘在《七发》里曾这样描述：波涌而涛起，其始起也，洪淋淋焉，若白鹭之下翔，其少进也，浩浩皑皑，如素车白马惟盖之帐。其波涌而云乱，扰扰焉如三军之腾装……秦汉时，京江巨潮仍很著名。《文选·枚乘七发》注引《南徐州记》说："春秋朔望辄有大涛，声势骇壮，至江北，激赤岸，尤为迅猛。"南北朝诗人庾信出使渡江时吟道："观涛想帷盖，争长怀干戈。"隋诗人孙万寿在江都望京口时吟道："回首观涛处，极望沧海湄。"唐诗人王维送客江滨吟道："日落江湖白，潮来天地青。"唐诗人刘禹锡看到京江潮后，在焦山吟道："烟散隋宫出，涛来海门吼。"直到清代，乾隆帝还到三山观潮，还以"海门庵"为题，写了好几首观潮诗。

江河交汇拱三山，构造了烟波浩渺、奇幻无穷的神山仙境。镇江三山屹然于江流之中，临江瞰海，万顷波涛迎面，千里紫霞覆盖，琳宫金刹矗其上，鼋鼍蛟屃走其下，极烟云之吞吐，洪涛之碛击，色调迷离，韵脉神秘，江山奇胜。自六朝始，人们便目之为"神仙窟宅"。后世名人游记以至史籍方志中多有"龙出晓堂"、"僧清海怪"和龙宫水府，江神河怪之异闻。明代文学家屠隆说："余登三山，然后悟天地灵秀瑰异跌宕之观无尽，而六合内外之变幻要渺而莫可究诘者何量也夫!"他进而又说:"东方朔《神异经》所传蓬莱、方丈、瀛洲三山,在大海中,多珍禽异兽、灵药瑶草,往往为高情胜气者所艳慕。又相传以为巨鳌戴之,横波乘涨,世罕得登,几于恍惚汗漫。而所谓金、焦、北固三山者在润州,灵诡空阔,庶几大海三山之亚。……振衣崇冈,濯足长流,俯仰之间,何其适也,美哉斯观!"

江河交汇拱三山,营造了江天一览、三山雄秀的大江风貌。金、焦、北固三山是镇江风光之最。陆上看三山固然不错,但从水上看三山则另是一个绝佳的选择。好山万皱待人识,三山和西津渡都沿江而列,如入画屏。一层一层眼波似的水,一叠一叠眉峰似的山,让人神思飞越,仿佛看到镇江诗人闻捷以长江般的磅礴气势,吟哦《长江万里》,为壮美的三山而歌唱,情发之由衷,情溢于江河,美丽的三山仿佛都有了鲜活的生命。

如果夜赏三山,那撩人的江山夜景更令人如痴如醉。在江岸一线的灯火灿烂中,三山只剩微茫可辨的一抹青黛。月亮刚出时,春江花月夜般的绻缱,愈接近中天愈小,直至挂在天上如烂银般的一团。这时,坐在甲板上,迎面吹拂着凉爽宜人的江风,欣赏着金山慈寿塔、西津渡云台阁、焦山万佛塔的剪影,再绕焦山一周折回看润扬大桥的雄姿,城市喧嚣渐远,郊野愈发宁静,只剩下渔火的明灭和江水的呢喃。为让更多游客欣赏到江河交汇拥三山的美景,镇江市正倾力打造北湖景区,用一泓碧水环抱三山,描绘一幅"江、河、湖、山、城"的画卷。

大江风貌最欣欣向荣之处是滨江带的建设。一条长江路、一座润扬大桥,赋予了大江风貌更多的绚丽色彩。风景优美的长江路,宽阔平坦,树木葱茏,花卉争妍,是一条园林式的景观大道。漫步长江路,可以一眼望尽三山。在长江路上,你最能理解什么是江天一碧,什么叫拥有蓝天的快乐。

长江和运河在镇江三山相携、相拥了,就仿佛如勇猛、激情的兄长和柔媚、温顺的小妹,都以火热的情怀炽爱着三山。它们分别赋予了三山特有的气质,即江山气度和风月情怀。对于这种天作之合,我们实在应该感谢造物主的神奇,感谢上苍的全能和伟大。

第二节　金山绮丽寺裹山

　　金山,位于镇江市区西北角,原是长江中的一座孤峰。杨氏《洞天记》说:"金山万派东注,一岛中立,丹辉碧映,揽数州之奇于俯仰间。"金山飞岩穿岫,云天四垂,下镇洪流,水面千里,婉若俊鹘摩空,凫雁浮江,巨鳌出海,奇秀崒嵂甲于南国,吞吐万象,雄峙百川,有非世间境界。《南唐志》说:"金山寺号为胜景。"宋汪彦章说:金山"盖宇宙区舆,古今胜处也"。明《一统志》赞之为:"胜概天下第一。"随着长江主泓道北移,原来屹立在大江中的金山,在清代咸丰年间慢慢离开了江心。光绪末年,金山"四面皆涨沙,山已登陆",自此,金山成为长江南岸的一座陆上名山。人们上金山,再也不用乘船,却可以"打马上金山",或是"骑驴上金山"了。而现在,则有一条宽阔的长江路直通金山。

　　金山之名有何典故呢?《地理约义》说:"考金山之名,出《华严经》'阎浮堤外,香水海中有七金山绕须弥卢,因海水漾劢播溢无定,设七大金山以镇之,此山似之,故名'。梵语'须弥',华言'妙高',故此山又名'妙高峰',一名'浮玉山'。《道经》'上仙居浮玉山,朝上帝,则山自浮去',故金焦二山俱借名'浮玉'。"金山还有氏父山、获苻山、金鳌峰、伏牛山、泽心山、龙游山等名。关于金山之名也有他说,如《九域志·金山志记》说:"唐时有头陀挂锡于此,因名头陀岩,后断手以建伽蓝,忽一日于江际获金数镒,寻以表闻,因赐名金山。"《头陀岩记》说:"贞元二十一年,因李绮奏,易名金山。"然而,《唐书·韩晃传》,早即有"韩晃总兵临金山"语,可见在唐代大历、建中时已有金山之名,并不是到了后来贞元年时,因李绮奏闻,才开始易名金山的。更早的《梁书》说:"天监四年,帝临金山,修水陆会",则又证明金山之名也并非始于唐时,早在南朝梁时即有金山之名。金山和金山佛寺虽然名字众多,但千百年来,人们却总喜欢称之为金山和金山寺,因为"金山"之名既来自佛经典故,而且有百姓都喜欢的"金"字为口彩,大家莫不觉得口彩好、意味好。

　　金山以游观之美饮誉古今,蜚声海外,不独擅山光水色之胜,而且以有高僧辈出的千年古刹而驰名。"秀刹冠嵯峨","空半簇楼台"。金山佛寺是一座创于东晋,迄今已有1600多年历史的名刹。元虞集在《万寿阁记》中写道:"山有佛祠,始建于晋明帝时。"《金山志》也说:"江天寺在金山西麓,始建于东晋,名泽心寺。"南朝时,泽心寺方丈宝志法师曾奉梁武帝萧衍之旨,编成《水陆仪规》,首创《水陆法会》,使寺庙成为著名的禅宗古刹。以"菩萨皇帝"自诩的梁武帝萧衍,曾于天监四年(505年),亲自到金山参加水陆法会盛典。宋真宗赵恒梦游金山泽心寺,遂改寺名为龙游寺,并亲书"龙游寺"三字,赐《大藏经》一部。宋徽宗赵佶信奉道教,政和四年(1114年)勅改龙游寺为道教的神霄玉清万寿宫。宋徽、钦二帝被金兵北俘后,复改为佛教禅堂,名龙游寺。元代又改龙游寺为金山寺。清代康熙玄烨曾六次上金山。康熙二十三年(1684年),康熙帝首次南巡,乘沙船渡江,游览金山。他在《南巡笔记》中写道:"次早登金山,孤峦隐岫,屹峙大江中,飞阁流丹,金碧照灼。更有一峰高立曰善财石,郭璞墓在其西。上有妙高台、留云亭、朝阳洞,下有中泠水,称天下第一泉。朕率扈从诸臣,一一探眺,纵目千里,题'江天一览'四字,并赋二诗。"他写的《金山并序》五律一首,颇有艺术性。诗序感慨地说:"历览诸胜,江山之胜,未有逾于此者。"诗也写得气势不凡:"一览江天胜,东南势尽收。帆樯来极浦,台榭起中流。路出丹崖上,烟同碧汉浮。登临豁心目,浩荡俯沧洲。"还写有《试中泠泉》五绝一首:"缓酌中泠水,曾传第一泉。如能作霖雨,沾洒遍山川。"他还赐寺名为江天禅寺,御书的寺名题额,至今仍高悬在寺门之上。他第二次还同母亲皇太后,共同游金山,观赏金山美景。他曾在夕照阁欣赏夕阳西下的醉人景色,流连不舍,不忍离去。乾隆弘历,自诩有"十全武功",自号为"十全老人",当然乐见人间的"十洲三岛"。他有乃祖遗风,也先后六次南巡,位于"十字黄金水道"的金山也自然成了他的必游之地。他赞叹说:"金山上凌太虚,下瞰洪流,为江南诸胜之最。"他看到文徵明画的金山图,十分赞赏,作《题文征明金山图》诗云:"不到江天寺,安知空阔奇。携将亲证取,当境即如斯。"乾隆南巡期间在镇江做了一件好事,就是在乾隆四十五年(1780年)春第五次南巡,驻跸金山行宫时,决定将《四库全书》贮藏一部在金山的文宗阁。为此,他作有《题文宗阁》、《再题文宗阁》诗,《再题》诗云:"四库全书抄四部，八年未藏费功勤。集成拔萃石渠首，颁贮思公天下云。今古英华率荟萃，江山秀丽与平分。百川号此朝宗海，是地诚应庋此文。"现在金山存有清乾隆皇帝六次南巡，驻跸金山所作的部分诗文石刻七块。金山寺规模宏大，藏典丰富，僧侣众多，多时和尚有三千多人，参禅僧侣数万人。

　　1987年3月，柬埔寨西哈努克亲王和夫人从扬州来到镇江，到了金山寺门前，双手合十向来迎接他们的慈舟法师致礼，并向两边的僧众致意。参观天王殿后，到了大雄宝殿，西哈努克与夫人各燃一束香，供奉在香台上，在佛像前顶礼膜拜，大殿内60名和尚齐声诵经，钟磬齐响。登山路上，慈舟法师向西哈努克亲王介绍金山寺的历史和故事，西哈努克亲王听"梁红玉擂鼓战金山"、"岳飞抗击金兵"等故事时，听得很认真，不停地点头赞许。走到楞伽台休息，小和尚奉上金山特产糖水白果，西哈努克夫妇细细品尝，称赞白果很好吃。当西哈努克亲王参观金山寺结束临别时，对慈舟法师说："金山寺是美好的，金山之行使我终生难忘。"并在留言簿上写道："今天，民主柬埔寨代表团及我本人能够参观金山寺这座令人敬仰的、美丽的佛教寺庙。我们感到十分荣幸。我们向菩萨，向主持阁下以及诸位僧众表示最崇高的敬意……"

　　人们喜欢金山寺，不仅仅因为该寺以梵宇名蓝，香火极盛而享誉古今，还因为金山寺"寺裹山"的建筑风格独具特色，具有赏心悦目的视觉美和冲击灵魂的震撼美。宋代名相王安石《金山》诗写得真切惟妙，气摄神行：

数重楼枕层层石，四壁窗开面面风。

忽见鸟飞平地上，始惊身在半空中。

　　金山寺整座寺庙依山而建，巧妙地用结合地形灵活变换轴线方向的手法，局部规划，分层筑台，依高低分梯台，依地势划景区，将金山分为佛殿区、禅堂区、塔楼区等7个景区，以分叉式通道将各景区连成一片。全寺依山而造，逐级升高，沿途台阶相接，殿宇参差。由山脚到山顶，一幢幢殿宇厅堂，一座座亭台楼阁，层层叠叠，橡木栋接，栉比相连，有序相衔，将整个金山镶金嵌玉般密密包裹起来，只见金碧辉煌，山寺浑然一体。它们于不对称中求平衡，高低错落,鬼斧神工,浑然天成,充分显示了我国古代劳动人民高超的建筑水平。殿宇散置山腰、山底,用廊屋台阶相连,而独将佛塔建于金山之巅,平添了宝塔的凌空之势。游客爬山即是登寺,登寺即为爬山,到寺顶即到了山巅。慈寿塔矗立于金山之巅,登上山巅,跻身高塔,那种"空半簇楼台","山登绝顶我为峰"的豪情油然而生;那种"超然离世群","如到日宫经月窟"的奇思妙想不绝如缕。这种山被寺裹、塔拔山高的建筑风格,给人们以强烈的视觉冲击力和强大的灵魂的震撼力。它不仅成为金山的标识,而且成为镇江的标志,成为中国古典建筑艺术的一朵奇葩。金山寺裹山的建筑特色,一是取造化之态,构人工之势,于低丘独峰上得恢弘气势;二借上天下水,比例精巧,构纵横交错的景色层次;三是水随山转,山因水活,山水相融,山水相辉;四是先抑后扬,明暗开合,空间组织极富变化韵味。北京颐和园人工砌造的万寿山,在筑山时就吸取了金山的特点;承德避暑山庄有仿金山的"天宇咸畅"一景金山亭;扬州瘦西湖的"小金山",也借鉴了金山的建筑艺术。

图 2-2　金山绮丽寺裹山

金山寺的著名景观有:

山门。金山寺山门面西而开。据说当年金山在江心时,站在山门前就可以看到长江上百流归海的滔滔江水自西东泻,浩浩荡荡,迎面奔来,其势雄伟,可吞天地。当年站在山门,吟咏元代赵禹圭的《折桂令·题金山寺》就会

倍感写照传神,回味无穷,词曰:

> 长江浩浩西来,水面云山,山上楼台。山水相连;楼台上下,天地安排。诗句就,云山失色;酒杯宽,天地忘怀。醉眼睁开,遥望蓬莱:一半云遮,一半烟埋。

此词为赵禹圭任镇江府判官时所作。周德清《中原音韵》称"此词称赞者众",当时就广获好评。张养浩《云庄自适小乐府》亦收此曲。毛泽东主席曾手书此词。

现在的山门是一座高大的石牌坊,四柱三门,顶有石雕翘檐,正中高悬"江天禅寺"额匾,是清康熙玄烨亲书。气势古朴,两边石柱刻有一副长联:

> 江水滔滔洗尽千秋人物,阅沧桑因缘聚散司空性。
> 天风浩浩吹开大地尘气,倚圣教禅静止观觉有情。

天王殿。天王殿迎面石佛龛,供奉着弥勒佛,迎门端坐,似乎迎接每一位朝山进香的香客和游人,脸上笑容可掬,一副与世无争的憨厚之相,两边挂一副黑底金字对联:

> 眼前都是有缘人,相亲相近怎不满腔欢喜。
> 世间信多难耐事,自化自受何妨大肚包容。

天王殿两边站立着四大金刚,每人手执一器物,分别是剑、琵琶、雨伞、蛇。有人说这四件兵器分别寓意风、调、雨、顺,因为宝剑锋利谐意风;琵琶调准音才能弹奏,所以是调;雨伞当然指雨;蛇满身顺滑,谓之顺。弥陀佛后面塑韦陀像,手执钢鞭,镇守北门。两边有联云:

诸恶莫作,众善奉行,三藏圣言演真谛,

四大本空,五蕴非有,翰林玉带镇山门。

大雄宝殿。金山寺历史上曾发生过七次火灾,最后一次是 1948 年 4 月,大火把大雄宝殿、藏经楼等焚毁。1990 年完成了复建工程。复建后的整幢建筑,歇山重檐,雕梁画栋,黄墙红柱,金色琉璃屋面,白石柱础栏杆,显得气势磅礴,肃穆庄严。大殿重檐正中书"大雄宝殿"四字,是赵朴初手书,两边巨大的红柱上有一对金底黑字抱柱楹联,为镇江学者许图南 80 岁时撰书。联云:

宝殿此重修,梵宇宏开诸方礼赞。

金容今再现,佛光普照万福来朝。

大殿迎面外墙书有"庄严国土,利乐有情"八字,每字约有一米见方。大殿正中为释迦牟尼佛像,阿弥陀佛,药师佛分立两旁。殿侧有金装十八尊罗汉,背后为海岛观音,站在巨大的鳌鱼头上,两边有散财童子和龙女。金山寺的海岛观音与众不同,因为佛教故事说,善财童子"五十三参"的第一参,就是金山寺的德云比丘。因此金山寺的海岛图更具有本寺历史特色,引起游人和信徒的兴趣。海岛观音周围海涛奔腾,塑有上天各界神仙。大殿四周圈棚内上方,还有 56 尊彩塑罗汉,色彩鲜艳,栩栩如生。大殿屋脊正中有一巨大龙珠,构思独具匠心,这颗大珠用不锈钢铸成,发出灿灿珠辉,不仅在天气晴晖霁霞中发生变化,闪出不同的绚丽霞光,而且能把金山全景收入珠中,映射出来,显示出佛国世界的庄严瑰丽、神秘变幻的奇特效果。大殿两边有一副长联,概括了金山寺历史、风光特色和人文景观,联为:

一方浮玉,十地布金,忆裴头陀江峰披缁,苏内翰山门留带,光阴瞻逝水谁续胜缘? 愿宏开宝宇琳宫,永镇苍崖翠壁。

万顷烟涛,千林风霜,想焦仙人幽岩瘗鹤,陆处士中冷品泉,十筑有芳邻堪寻陈迹,漫孤负莲花贝叶,同听暮鼓晨钟。

藏经楼。自东晋建金山寺以来，历代都有藏经及庋藏楼阁，但唐代以前无记载。宋真宗祥符年间梦游金山，赐藏经。天禧五年赐银三百万两，修建藏经楼，后因毁重建。现在的藏经楼位于大雄宝殿后山腰，是 20 世纪 90 年代复建的。两层建筑，依山而立，内藏许多佛学经典，如乾隆版大正藏，又大正新修大藏经，续藏经，碛砂经，万事藏经等。有许多属孤本、善本书，有很高的价值。

藏经楼有联云：

> 但令此心无所在，
>
> 虽有绝顶谁能穷。

妙高台。妙高台位于半山腰东南角一个 30 多米的高台，以前在妙高台上可以环视长江。西边奔腾而来的江波至此被金山迎头劈开，分为两股洪流向东冲去，气象万千。江风习习，吹动四周的老树、新篁，齐奏天籁之音，像走进神仙乐府，使人陶醉。苏东坡有《妙高台诗寄佛印》，记述了妙高台的风光和感受。诗云：

> 我欲乘飞车，东访赤松子。
>
> 蓬莱不可到，弱水三万里。
>
> 不如金山去，清风半帆耳。
>
> 中有妙高台，云峰自孤起。
>
> 仰观初无路，谁信平如砥。
>
> 台中老比丘，碧眼照窗几。
>
> 巉巉玉为骨，凛凛霜入齿。
>
> 机锋不可触，千偈如翻水。
>
> 何须寻德云，即此比丘是。
>
> 长生未暇学，请学长不死。

妙高台是宋代高僧佛印禅师于元祐初年在山崖上开凿的。台高瞻远，苍茫江面，滔滔流水，自成景致。晴天阳光又十分充足，佛印把珍贵的佛经放在山岩上晾晒，所以又称晒经台。这里更是八月中秋赏月的胜地，人们喜欢在此，面对皓月，饮酒放歌，闻三秋桂香，听澎湃涛声，享受大自然赋予的乐趣。

明代王守仁11岁那年，随祖父到金山，在妙高台当客人酒酣诗兴大发之际，他也在旁赋诗一首："金山一点大如拳，打破维扬水底天。醉依妙高台上月，玉箫吹彻洞龙眠。"真是出口成章，不同凡响。就在客人惊异万分时，他又赋诗一首："山近月远觉月小，便道此山大于月。若人有眼大如天，还见山小月更阔。"一个刚过10岁的小孩子就能以空间距离的远近，相对看待山和月的大小，并且暗示人们应见微知著、放眼天宇，可见其智慧卓越。

楞伽台。楞伽台在金山东南，是座历史名台。它依山而建，驳石堆砌，古雅大方，洁净无尘。俯瞰山下，人群在花树中攒动，景色十分宜人。从山下到楞伽台，要绕历三层楼阁，曲折蜿蜒，每上一层，疑前无路，洞门一开，又是山高云近，树叶婆娑，江深莫测，大千世界，使游人惊奇不已。楞伽台有清代镇江书法家王文治写的对联云：

窗前沧海凭开眼，
台上楞伽可印心。

楞伽是佛经名，《金山志》记：宋代张安道，翰林学士出身，为滁州地方官。一日入琅琊山，发现一部楞伽经，似乎是前生所写，遂珍藏之。元丰年间，遇到苏东坡，请他看经，又拿出三十万缗，请东坡印刻，以布施于江淮间。东坡说：此经是稀世之宝，应珍藏并传之后代，如刻印损坏无法补偿。当时佛印禅师在金山，听了此事对东坡说，"把楞伽经抄写下来再刻印，布施既广，又可传之后世"，请东坡在此台抄写楞伽经，东坡欣然应命，写好后请善刻者刻成木版，留在金山。所以此台称为楞伽台。宋乾道中（1165—1173年），宝印禅师又把楞伽台上苏东坡当年书写楞伽经的房子署名楞伽室。明代阎世科有《楞伽台》诗云：

> 垂光投簪稳,凭高对衲閒。
>
> 江风梳白发,海雾幕青山。
>
> 目极秋天远,身依暮鸟还。
>
> 书经有遗迹,千载喜追攀。

1977 年 11 月 13 日,中国佛教协会会长赵朴初到金山并作《访金山登楞伽台》,诗云:

> 再来眼顿明,挂壁雪舟画。
>
> 恍是旧金山,江心云月下。
>
> 江水不尽流,花开春复秋。
>
> 了了因缘法,低头五比丘。

观音阁。观音阁位于大雄宝殿后山崖上,明永乐八年(1410 年)创建。观音阁气宇轩昂,多姿多彩。明代闵龄写有五言长诗一首,记述了当时观音阁的情景:

> 新布黄金地,重开古佛场。
>
> 千云屯作盖,七宝聚为坊。
>
> 蜃阁凌波出,潮音引梵长。
>
> 人天标瑞相,水月印慈光。
>
> 僧折芦为筏,神鞭石作梁。
>
> 参乘穷妙谛,喻指证迷方。
>
> 法润恒沙雨,花弥觉岸香。
>
> 宰官施拓化,江海共流芳。

现在的观音阁是清同治年间重建的，这组寺院建筑，依山作势，错落有致，设计精巧，供有观音菩萨像。金山著名的"镇山四宝"现在珍藏在这里。这四宝是：

周鼎。周鼎是周宣王时代的铜鼎，1884 年由湖北叶志生捐赠，鼎上刻有铭文 134 字，距今有 2700 多年，弥足珍贵。

苏东坡玉带。苏东坡玉带上缀有 20 块玉，清初被火烧毁 4 块，乾隆南巡金山时，见玉块残缺，命玉工选上好玉补齐，玉块上刻有乾隆诗句。

民间相传，金山寺主持佛印与苏东坡是莫逆之交，东坡每次经过镇江，都要与佛印相见，并在镇江住上一些时间。有一天，佛印正准备为众僧说法，东坡来到方丈室，只见和尚坐得满满的，佛印笑着对东坡说："内翰从何处来？此间无坐处。"意思是他要与众僧说法，不能让东坡就座。东坡是很机敏的人，一听此语也想卖弄下自己的才气，即用禅宗之语答道："暂借和尚四大作禅床。"佛印一听，东坡用了佛家典故，也就笑着问道："山僧有一问，学士答得出，即请从；否则就将你身上的玉带留下，作为镇山之宝，如何？"苏东坡听了，心想：佛印是有心考我了，他自认为不会被佛印难倒，点点头说："可以，一言为定。"佛印望着东坡慢慢说道："四大皆空，五蕴非有，学士何处坐？"东坡听了，一时回答不出，只得从腰间解下玉带，赠与佛印，佛印见了，连声称谢，并拿了一件裌裟回赠东坡，对东坡说："学士宝带将永镇金山，这件裌裟也请学士笑纳。"东坡双手接过称谢。事后，苏东坡就此事作了《以玉带施元长老（佛印），元以衲裙相报次韵》两首，其一云：

> 病骨难堪玉带围，钝根仍落箭锋机。
>
> 欲教乞食歌姬院，故与云山旧衲衣。
>
> 此带阅人如传舍，流传到我亦悠哉。
>
> 锦袍错落真相称，乞与佯狂老万回。

后来，金山寺特建留玉堂，将东坡玉带供人观瞻，也演示着佛印和尚与东坡的这段故事。清代王士贞有《登留玉阁》诗两首。其一云：

缥渺凌云地，三山望不遥。

莺花环北固，云水错金焦。

一抹海门树，平分瓜步潮。

妙高台上月，今夜梦相招。

图 2-3　东坡玉带

文徵明绘的金山图。 明代著名画家文徵明到金山来游玩时，遂手绘图，留赠金山寺。这幅画记录了明代金山的自然环境与寺宇建筑，证明了大自然沧桑巨变威力。图中可以看到：江水茫茫，浪波滚滚，金山苑如块浮玉在波涛上飘动，山间错落有致的寺宇，依着山势，逐渐上延，山顶宝塔，直矗云天，秀丽的山色，浩渺的江景，互作映衬，展示了当年金山屹立江心的雄姿。画上有文徵明题的《金山寺追赋》一首：

白发金山续旧游，依然绀宇压中流。

沙浪灭没潮侵磴，帆景参差日映楼。

江汉东西千古逝，乾坤高下一身浮。

谪仙故自多愁绪，更山留云望帝州。

诸葛鼓。 诸葛鼓，铜质，上有花纹，高 29.3 厘米，径 52.3 厘米，重 11.9 公斤。传说是诸葛亮征南蛮时所用，进军时击打，声音洪亮，激励士气，又名铜鼓。行军时亦可作炊具。

夕照阁。 多照阁在半山处，当夕阳晚照，登阁远望，云蒸霞蔚，江波滚滚，金鳞闪耀，水天衔接处，更是五彩缤纷，绚丽万端，令人叹为观止，这里是夕阳残照时,欣赏江景的好地方。现在阁内存有清乾隆弘历六次南巡,驻跸金山所作的部分诗文石刻 7 块,人称御碑,保存完好。内容大多是对金山景色的赞美,表达了他统治大清江山的决心和信念。

慈寿塔。慈寿塔在金山寺山顶偏西北部,始建于 1400 年前的齐、梁时代,后圮。宋元符年间,丞相曾布为追荐其母,于山顶重建双塔,后几经毁建,于明隆庆三年(1569 年)寺僧明了在荐慈塔旧址重建一塔,改名慈寿塔。太平天国起义军与清兵大战于此,塔又毁。到清光绪二十六年(1900 年),金山寺隐儒方丈誓建此塔,慈禧命他自行募捐修建,他奔走南北,多方募化,在两江总督刘坤一的支持下,约历五年,募银二万九千六百两,重新建成此塔,塔高30 米,砖木结构,七级八面,内有旋上木梯,每层四面有门,塔刹高耸入云,塔檐下铜铃,叮当作响,传来天籁之声。20 世纪 80 年代,由于此塔历经风雨,年久失修,已显倾斜,经慈舟方丈主持修缮,基本保持了原来慈寿塔的风貌。登塔远眺,四面风光尽收眼底,令人心旷神怡,塔与山、寺配合巧妙,浑然一体,仿佛把金山都拔高了。元代冯子振曾有诗描绘慈寿塔:

双塔嵯峨耸碧空,烂银盘涌紫金容。

江流吴楚三千里,山压蓬瀛第一峰。

据传,慈寿塔建成时,正值慈禧太后 60 寿辰。刘坤一进京祝寿:"老佛爷六十大寿,卑官特在镇江金山建了一座慈寿塔,祝您长寿。"慈禧听后高兴之余问:"你祝我长寿看我能活多大?"刘一时无言作答,正在惊慌之时,他的一个名叫李远安的 8 岁侍童递上一张纸条,刘看后双手呈上,慈禧看见上有"天地同庚"4 字,十分高兴,奖赏了刘坤一。后来"天地同庚"四字刻在慈寿塔外花墙上,至今尚存。

图 2-4 慈寿塔

法海洞。法海洞位于头陀崖上，洞口横额"古法海洞"，洞内原来供一金身佛像，据说是法海肉身。有人说：这就是金山开山得金的祖师爷法海。也有人说：此法海就是裴头陀，后毁。20世纪80年代重塑法海像，现在像前香烟缭绕，磬鼓声声，香火旺盛。法海像慈眉善目，盘腿而坐。此洞又名裴公洞。《金山志》说：裴公洞在山巅头陀岩中，洞深四五丈，昔有白蟒居焉，唐裴头陀去之，故一名蟒洞。清代姚有纶《裴公洞》诗云：

> 古洞孤峰上，裴公不可求。
>
> 黄金兹杳渺，白日为迟留。
>
> 水气晴疑雨，汀花春复秋。
>
> 灵蛇何处去？鹳鹤起山头。

宋代尚书张商英作《裴公洞题诗》云：

> 半间石壁安禅地，盖代功名不易磨。
>
> 白蟒化龙归海去，岩中留下老头陀。

诗的后两句，就是镌刻在法海洞两边的对联。

图 2-5 法海洞

百寿坡。百寿坡位于金山藏经楼底层,南北各有一条山径,两条山径石级,均为百级,而且与焦山的百寿亭遥望,引起人们极大兴趣,纷纷传说,人走一阶石级,象征人生增添一岁,登满百级,即可长寿百岁。所以凡游金山之客,均登百寿坡,争当盛世的百岁人瑞。

留云亭。留云亭在金山最高处,宋时始建。明景泰年间镇江郡守白仲贤《重建留云亭记》说:"晦冥之朝,风雨之夕,云气往往停焉",所以名留云亭。这里"高明雄杰,参绝云霄",从来就是观赏金山的绝佳处。

清康熙玄烨奉母来游金山,登上留云亭,为这里的大江东去、缭绕云气、水天一色的雄伟气势所倾倒,即写"江天一览"四字,后勒石立于留云亭内,故此亭又名"江天一览"亭。康熙写的"江天一览"四字,后毁于战火,现在碑上的字是曾国荃摹康熙笔迹重刻的。

据说当年康熙所题"江天一览"碑时,前三个字是一气呵成。而"览"字因笔画太多,一时竟想不起来了,正当窘迫之际,身边的张玉书上前跪在康熙面前说:"臣今见驾。"康熙一听"臣今见",顿时心领神会,随即写出了"览"字。原来张玉书用拆字法把繁体字的"覽"字解为"臣今见"三个单字,提醒了康熙。由于不是一气呵成,"江天一"三个字要比"览"字大一些。

七峰亭。《金山志》载:"在山之西北金鳌岭上,昔有培塿(小土丘)起者七,相传为宋秦桧削平后建阁。"说起秦桧削平金鳌岭上的七峰,与"岳飞金山解疑梦"的传说有关。金鳌岭上七个小山峰虽然被秦桧削平了,但忠勇的岳飞和正直的道悦和尚永远铭记在镇江人心中,因此在金鳌岭上建了一座七峰阁,以作纪念。后来,七峰阁毁于兵火。光绪二十五年隐儒方丈重建。1948年金山大火,阁又毁,新中国成立后,改建为七峰亭。

古仙人洞。古仙人洞在金山北侧,有一幽邃古洞,洞额题为"古仙人洞"。洞深 6.6 米,依山洞筑有半亭一座,环境清静,景色幽雅。这是宋代政和年间,改金山寺为道教的神霄玉清万寿宫时留下的一处遗迹。传说这里是八仙之一的吕洞宾,骑鹤飞临金山,观赏江景,在洞里打坐留下的足迹,所以称仙人洞。原来洞内供奉白衣观音,所以又称观音洞。

白龙洞。白龙洞位于金山脚下的北面,洞额刻有"白龙洞"三字,洞口不大,内有一石室,可容数十人,原来靠壁面供有白娘子与小青的石刻像,后毁。现在洞外有一组高约 10 余米的"白娘子与小青"的塑像,供人瞻仰,增加了白龙洞的神仙气氛和魅力。洞底有一个深不可测的石缝,人进去走几米,就感到气闷,呼吸不畅。《金山志》说:"洞深隐不可测,又名珠洞。唐时常有毒龙吐气,灵坦法师降之乃灭。"民间流传的《白蛇传》故事说:许仙被法海骗上金山后,白娘子向法海索夫,带领长江中的虾兵蟹将水漫金山,要救出许仙。这时许仙在小和尚指点下,从这个洞中逃走,一直逃到杭州西湖,与白娘子断桥相遇。因此传说这个洞与杭州西湖相通。

明代焦竑作《龙洞诗》云:

江干古洞閟蒿莱,谁共幽人载酒来?

雨足平临千障合,云根遥自五丁开。

燕巢绝壁翻空下,龙挟腥风向晓回。

石室有灵人欲老,风尘回首愧仙才。

图 2-6 白龙洞内景

朝阳洞。朝阳洞在日照岩悬崖绝壁处,洞深二丈许。洞上面有一片悬崖,刻有"日照岩"三字,故又名日照岩。这里面对大江,每当朝日东升,从朝阳洞向南一带石壁上,金光闪烁,彩霞万道,水天皆赤,蔚为奇观。所以朝阳洞观日出,是金山奇景之一。

御码头。御码头在金山北面临水处，当金山在江中时，这里是游客上下金山的码头，现有 13 级台阶，两边建有护石栏，刻有"御码头"三字。这是因为康熙、乾隆南巡时，都是从这个码头上下的。

玉带桥。玉带桥位于古仙人洞东侧，一座长 16 米、形似玉带的石桥，横跨在碧波荡漾的水面上，据说这座桥的来历与"苏东坡留玉带给金山"一事有关。苏东坡把玉带留在金山之事传出后，好奇的群众都想一睹为快。看的人太多，寺僧应接不暇，又担心玉带被损坏，就想了个办法：按玉带的形状造了一座桥，这样，人们就不再去索要玉带观看，只要看桥的形状就可以了。清代镇江人李御《玉带桥》诗云：

> 江山阅历无今古，影迹还同去住身。
> 桥石苔斑俱落尽，不知玉带属何人？

信矶。信矶又名戏鼋石。以前，信矶在大江之中，四面波涛起伏，石块积年受江水冲刷，石下冲击出许多水穴，适宜鼋、鼍（扬子鳄）居住。过去，金山寺有位老和尚，经常来喂食，他坐在石上，敲击木鱼，鼋、鼍立即出没浪花间，争相接受施舍，围着和尚戏水，堪称金山一绝。故苏舜钦诗有"扣栏见鼋鼍，扬首意自得"之句。

文宗阁。清朝乾隆三十七年（1772 年），弘历帝下令，选派了以纪昀为首的著名学者 100 多人开馆编辑四库全书，分为经、史、子、集四部，所以取名叫《四库全书》，这是我国历史上卷帙最大的一部丛书。此书头份告竣，历时 10 年，连同在抄的 3 份，庋藏于北京故宫的文渊阁、圆明园的文源阁、沈阳故宫的文溯阁、承德行宫的文津阁，这四阁，被世称为"内廷四阁"，亦称"北四阁"。皇帝念及江浙一带，人文渊薮，为了粉饰"太平盛世"，消除排满思想又续抄该书 3 份，庋藏于扬州大观堂的文汇阁、杭州圣因寺的文澜阁、镇江金山寺的文宗阁，这三阁，被世称为"江浙三阁"，亦称"南三阁"。这七阁均仿宁波天一阁藏书楼的式样而建。

镇江的文宗阁建于乾隆四十四年（1779 年），毁于咸丰三年（1853 年），中经嘉庆、道光两朝，历时 75 载。

据《金山志》载："文宗阁在竹宫之左。"当时的金山四面江水环绕，文宗阁坐北朝南，隔庭院有门楼三间与阁相对，两侧有廊楼各 10 间，将文宗阁联成四合院的形状。阁前银涛雪浪，气势磅礴；阁后山崖陡峭，峰巅浩伏。文宗阁落成时，弘历帝亲笔书写"文宗阁"匾额。文宗阁内瑶版玉韬，千籍万帙，藏书甚富，贮藏抄本《四库全书》3461 种，79309 卷，分装 6221 函、36482 册。计分经部 5402 册，分装 947 函，用青色函；史部 9463 册，分装 1625 函，用赤色函；子部 9084 册，分装 1583 函，用白色函；集部 12398 册，分装 2042 函，用黑色函。《四库全书简明目录》8 册，分装 2 函；《钦定古今图书集成》5020 册，分装520 函；《钦定全唐文》504 册，分装 50 函。《钦定明鉴》24 册，分装 2 函。还有其他藏书。1842 年英军侵入镇江时，使文宗阁藏书遭损。1853 年，太平天国军由瓜洲攻占镇江之战中，火毁金山寺，使阁书俱焚。文宗阁毁后，后人有重建之宏愿。

镇江市委、市政府高度重视文宗阁的复建工程，决定从 2010 年 3 月开工复建，历时一年多时间，总投资 2000 余万元，2011 年 10 月 26 日，镇江隆重举行了"文宗阁复建工程竣工典礼"，使沉睡了 150 余年的文宗阁向世人重新焕发出它原有的风采。复建的文宗阁坐北朝南，为仿古的四合院建筑，由门楼、假山、御座房、藏书楼、回廊、方亭、花木、小桥等建筑及景点组成；门楼面阔三间，两侧设有厢房，御座房面阔三间，主体建筑为藏书楼，面阔六间，为硬山顶重檐式，外观似两层，实际是三层，两层中有一夹层；文宗阁复建于原址东侧约 200 米处，属于原地复建性质。复建的文宗阁占地面积约 5500 平方米，建筑面积为 1286 平方米，其中，门楼为 68.25 平方米，御座房为 76.2 平方米，藏书楼为 673 平方米，廊、亭为 468.55 平方米。步入文宗阁院落，映入眼帘的是：书阁与门楼呼应，前院矗巍峨假山，两侧建相依长廊，园内植吐艳花木，楼内藏溢香古书，墙面绘补壁典故，园北筑点题碑亭，附近有小桥托意，四周涟碧水环绕，给人一种幽静深重、美不胜收的感觉。走进文宗阁建筑，一楼迎面的屏风上，是清代镇江诗人张慰坤撰写的《金山文宗阁赋》。一楼右侧的展板上，是对《四库全书》的综述；左侧的展板则介绍了文宗阁史略、庋藏图片目录及文宗阁先贤。二楼是藏书处,分为三个部分。正对面是 10 余个大书柜,收藏着故宫博物院监制的仿古版 1184 册大八开手工线装《四库全书》,书柜的设计既有古典特色,又有现代元素,柜门上镶嵌长条玻璃,可让参观者欣赏到柜内收藏。二楼按原型复制了四个书架,按经史子集排列。右侧的展柜中,是从国家图书馆复制而来的《文宗阁四库全书装函清册》,即藏书索引。另外,还将展示文宗阁唯一遗存下的古书《日涉园集》影印件、3 本收录《四库全书》目录的古书等。三楼则是学术研讨厅,将来会在这里进行各类学术研讨,发挥文宗阁的文化功能。

图 2-7　文宗阁

塔影湖。位于金山西侧的塔影湖,是 1959 年开凿的人工湖,因金山宝塔倒影其中,风姿绰约,遂名塔影湖。湖的东北有云根岛,枕湖连岸,原来也是长江中心的一排奇石,又名石簿山,岛上建有"云根风月亭"。百花洲有桥与之相通,游人可驾船由塔影湖一路观赏到云根岛,其乐也融融。

图 2-8　金山塔影湖

天下第一泉。天下第一泉位于金山西侧一泉公园内,又名中泠泉、南泠泉。泉水四周筑池,正方形,边长约 10 米,岸上四周有石栏,池南壁石上嵌有一块宽 2.15 米、高 0.63 米的白石,刻有"天下第一泉"五字。

泉水原与金山同在江中,清咸丰、同治年间登陆。泉水在江中时,江水从西流来,受到石牌山和鹘山的阻挡,水势曲折转流,成为南泠、中泠、北泠(泠是水曲之意),而泉水的位置在中间一个水曲之中,故名曰"中泠泉"。它因处在金山的西南面,故又名"南泠泉"。唐代刘伯刍将天下名水分为七等:扬子江中泠泉水第一,无锡惠山泉水第二,苏州虎丘泉水第三,丹阳观音泉第四,扬州大明寺泉水第五,吴淞江水第六,淮水第七。从此中泠泉被誉为"天下第一泉"。

历代名士对"天下第一泉"十分向往,留下名诗佳作甚多。

南宋民族英雄文天祥在 1276 年与元军谈判时,被扣押为人质,后在镇江脱险,他曾在中泠泉品茶后写下了一首豪情奔放的诗篇,名为《饮中泠泉》:

> 扬子江心第一泉,南金来此铸文渊。
>
> 男儿斩却楼兰首,闲品茶经拜明仙。

过去要真正饮到中泠泉水十分困难。由于汲取中泠泉水受自然条件限制,泉水隐没在滔滔江水中,泉眼难找,江上浪高风大,必须选择风平浪静之时,由熟练船工驾一叶扁舟到江心,找准泉眼,然后把特制的铜壶由绳索系着壶梁和壶盖慢慢垂下,到一定深度,觉得是泉眼了,然后用绳子揭开壶盖,汲满泉水,再慢慢上盖,吊出江面,这才汲到真正的中泠泉水。泉水味极甘洌淳厚,满杯而不溢。所以第一泉水既名贵,又神秘,吸引了历代名人来此品饮。

关于中泠泉水的故事很多,张又新《水录》说:唐代李季卿为湖州刺史,一天,他到扬州遇到茶圣陆羽,十分高兴,对陆羽说:"陆君善茶,扬子江的中泠泉水闻名天下,今天碰到你,不能失去千载难逢的机会,要与你亲口品尝一下名泉。"遂命可靠且谨慎的亲兵驾船去京口汲取中泠泉,陆羽洗净茶器以待。当亲兵取水回来,陆羽用木勺舀起一勺水再慢慢倒下,审视后说:江水倒是江水,但不是中泠泉水,像是近岸的江水。说着把水倒掉,又舀起一勺说:这水真是中泠泉水了。亲兵吓得连忙禀报说:"壶中确实有江水,因为汲了中泠泉水回到船上,船一摇晃,壶倒了,水洒泼出许多,怕回来受责备,所以掺进了江岸水。"李季卿见陆羽识别水质有如此神奇的本领,十分惊异。

另一则故事是:唐代润州(镇江)刺史李德裕对中泠泉水情有独钟,一次,听说京都有人出差到润州,就请他带一瓶中泠泉水回京。谁知那人离开润州时因醉酒忘了此事,船一直到石头城时才猛然想起。没有办法,只能就近汲水回京献给李德裕。李德裕饮后十分惊讶说:"京口(镇江)中泠泉水味不同于过去了,变得像石头城下的水了。"那人听了,连忙谢过,说明了事情原因。

金山上岸,中泠泉也随之登陆,一度泉眼迷失。清代同治八年(1869年)重新发现泉眼,遂在四周砌石为池,蓄水保护,同治十年(1871年)立碑追记中泠泉的变迁沧桑。光绪年间,镇江知府王仁堪在池周建石栏,池旁筑庭榭,开地40亩,种植垂柳、荷花。池南建一亭,名"鉴亭",是取"以水为镜,以泉为鉴"之意。池北有二层木结构中式楼房一座,原名王公祠,为纪念王仁堪而建。现名中泠阁,供游人品茗。有一方书有"中泠泉"三字的石刻,为常镇通海兵备道沈秉成于同治八年(1869年)所书,右侧为同治十年沈秉成撰"中泠泉记"和同治十一年陈兆熊所书"中泠泉辨"两块石碑。光绪十九年(1893年),清末状元、镇江知府王仁堪书写了"天下第一泉"五个苍劲有力的大字,即现存在池南石壁上的五个字。

图2-9 天下第一泉

芙蓉楼。古代的芙蓉楼创建于东晋孝武帝执政时期(373—396 年),距今已有约 1600 年的历史,由王恭建于京口月华山西北,即现在的青云门鼓楼岗一带,后毁于战乱。当时的芙蓉楼依山傍水,别致典雅,登楼四顾而望,镇江其"千峰所环,中横巨浸,风涛日夜,驾百川而东"的锦绣风貌尽收眼底,楼阁山水,珠联璧合,形成了雄伟壮美、环境幽静、引人入胜、怡情悦性的自然景观,引来了许多骚人墨客。芙蓉楼之所以能蜚声古今,名扬中外,不仅仅是因为它的自然景观,更重要的是因为唐代著名诗人王昌龄在这里吟成了一首脍炙人口、秀丽动人的诗篇,即《芙蓉楼送辛渐》:

寒雨连江夜入吴,平明送客楚山孤。

洛阳亲友如相问,一片冰心在玉壶。

此诗之所以成为千古绝唱,是因为它推崇"冰壶"美德,其含义则是:做人要光明磊落,表里澄澈;为官应内清外润,廉洁奉公。

1992 年复建的芙蓉楼坐落在金山西侧一泉公园内,占地总面积近 1000 平方米,总体建筑由芙蓉楼、冰心榭、掬月亭及三座石塔组成。芙蓉楼是一座重檐歇山式的仿古建筑,共两层,楼阁鸟甍朱栏、鸱吻飞檐,壮丽美观。二楼西面高悬着由江泽民题写的"芙蓉楼"三个金光大字,二楼东面挂着由著名古典园林学家陈从周写的"千秋江山"匾额。楼下,有六扇银杏木的木屏风,其西侧刻着由杨积庆所撰、段振强书的《重建芙蓉楼记》。芙蓉楼大型壁画群由三组八块画幅组成,即《千秋江山图》、《平明送客图》、《蓉楼话雨》、《王昌龄送辛渐诗意图》、《花卉木芙蓉》、《水芙蓉》等,均为王川所作。在芙蓉楼的两翼,有两座仿古建筑互成犄角:东北为紧贴水面的"冰心榭",是展示茶艺的场所;东南为"掬月亭",在此可近眺新立于湖中的三座汉白玉石塔。芙蓉楼与冰心榭、掬月亭之间均有卷棚顶的曲折回廊相连。复建后的芙蓉楼与原有的八角亭、"中泠泉"、人工湖融为一体,亭泉楼湖,相得益彰。身居楼中,八方有声,四面有景,名城的山容水态、旖旎风光一览无余:可听泉唱鸟语、晨钟暮鼓,可看清澈喷突的泉水和波光粼粼的湖面,可望浩荡奔流的长江,可观与慈寿塔遥相辉映的绮丽金山的姿容神韵,可见丹辉碧映的一泉宾馆建筑群,可眺青峦错落、绿树葱茏的南郊风景。

图 2-10　芙蓉楼

　　一泉公园现占地约 2.67 公顷,中泠泉、鉴亭、茶楼、芙蓉楼相得益彰,园内柳荷相映,园西宾馆雄踞,园东湖水荡漾,形成了一处融古代和现代建筑为一体、集楼阁和泉水为一身的幽静清雅的秀丽场所。

　　金山公园四周的风景名胜还有:百花厅、三思桥、扇亭、金鱼馆、盆景园、梅岭、桂花岭、竹园等,真是步步有景、处处入情。

　　金山湖文化公园。金山湖文化公园与金山公园相毗邻,这里原来是一片淤塘,2006 年开始,在完成退渔还湖、水面治理、生态修复等整治工程后,2009年,将这里建成了新的景区。它主要包括佛教广场和白娘子爱情文化园两大部分,展现了唐张祜《润州金山寺》诗中"树影中流见,钟声两岸闻"的景象。

图 2-11　水环金山

佛教广场。佛教广场位于金山寺西部，正对金山寺山门，以大雄宝殿中线为轴线，占地面积为 1.67 公顷，主广场最多可容纳两万人，是集佛事、集会与休闲为一体的综合广场。主要景点有：水天桥、苏东坡和佛印禅师青铜雕像、转经轮、撞钟台、"宝相花"浮雕地刻等。

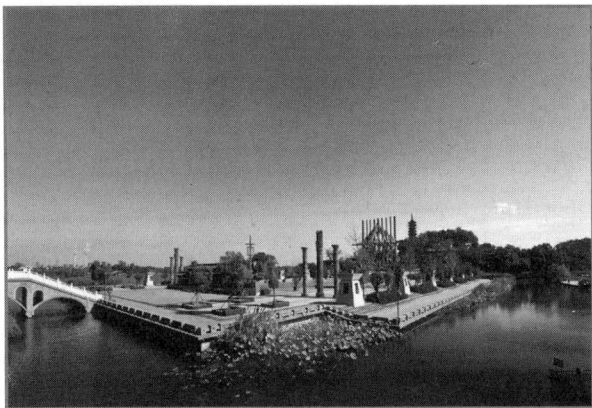

图 2-12　金山佛教广场

白娘子爱情文化园。白娘子爱情文化园位于金山公园北部，占地 108 公顷，除水域面积 68 公顷外，目之所及，几乎全是花草树木，绿化覆盖率达到 95% 以上。文化园划分为湖西、湖中、湖东、湖北四大景区，是以家喻户晓的《白蛇传》及白娘子与许仙的爱情故事为主题打造的文化景观。从"江云流瀑"西入口，依序有：樱花园、百卉亭、清修园、鹰崖堑道、千步廊桥、荷花淀、折柳堤、赠伞传情、揽云桥、白岛、保和堂、戏鱼台、文曲岛、亲子亭、情缘桥、许仙堤、水漫金山地雕、艺苑长廊、情圆桥、千年圆合雕塑、怡园蝶影、水畔芝田、沧桑遗岛、童趣天地、花径叠锦、游船码头、凌水栈道、听浪亭、云水歌台、月亮湾等景观。

第三节　焦山朴茂山裹寺

焦山位于镇江市区东北的长江之中，高 71 米，占地 38 公顷，与金山并峙,雄视江淮,砥柱中流。焦山本名谯山,《通典》说:"丹徒有谯山戍。"《太平寰宇记》说:"谯山戍,海口戍也。"又名双峰山,因为焦山上面有东西两个山峰;又称作狮岩,因为焦山的外形据说很像两头雄狮;又称浮玉山,因为山的西边摩崖石刻里有"浮玉"两个大字;又称海门山,因为焦山两狮形与南岸石公山两象形,屹然相对,古称为江汉朝宗于海之门户。曾有善泅者潜入江底,扪到有石阈横亘江底,俗称之为海门的门限石。但因为东汉末年有位高士焦光曾结蜗牛庐隐居在此,所以人们便将山名定为焦山。

焦山古木参天,竹林繁茂,远远望去,一堆青绿,就好像一只大青螺漂浮在白浪之上,也宛如一块大碧玉浮于江面。山上多巉岩峭壁。寺庙的主要建筑物都建在山的南麓,雕梁画栋,掩映在万绿丛中,一碧无滓,清幽断俗,秀绝寰区,故有"焦山山裹寺"之说。焦山周围是苍茫的江水,汹涌的波涛从上游不停地奔腾而来,吼叫着,向山冲过来。焦山就像一位伟大的英雄,镇静而勇敢地挡住惊涛的冲击,气象十分雄伟。所以古人称,长江是天堑,焦山是中流砥柱。

清末以前,金山、焦山都是长江上的美丽岛屿,有东西浮玉之美称。但是两山风格迥异,极富对比和变化:金山是层层叠叠、金碧辉煌的楼台亭阁,缠满山体;焦山则是古木葱茏、苍翠欲滴的树荫丛林,掩映着梵宇名蓝;金山绮丽,焦山朴茂;金山精巧,焦山雄秀;金山以楼观取胜,焦山以书艺见长。对此,前人多有精彩概括。苏东坡在《自金山放船至焦山》诗中说:"金山楼观何眈眈,撞钟击鼓闻淮南。焦山何有有修竹,采薪汲水僧两三。"明人王思任曰:"金以巧胜,焦以拙胜。金为贵公子,焦似淡道人。金宜游,焦宜隐。金宜日,焦宜月。金似小李将军,焦则大米。"清王士祯说:"焦山幽冶,金山绮丽;焦山骨胜,金山肉多。骨胜者何? 遥见山容苍翠不见寺也;肉多者何? 远观楼阁层叠不见山也。"清康熙帝在《望焦山念己巳曾登其上》诗中说:"大江日夜波汪洋,金山焦山两相望。金山楼阁荡丹碧,焦山竹树多郁苍。"乾隆帝也多次巡游镇江,又多次上过金、焦二山。他第三次到焦山时曾写《游焦山作歌叠旧作韵》一诗,专门将金、焦二山作了比较。诗云:

金山似谢安，丝管春风醉华屋；

焦山似羲之，偃卧东床袒其腹；

此难为弟彼难兄，元方季方各腾声；

若以本色论山水，我意在此不在彼……

乾隆帝认为就山水本色而言，焦山超过金山。如今的焦山不仅有长江浩荡奔流，有满山古树翠竹，还有千年古寺、"大字之祖"、抗英古炮台，这里已从历史上的佛门清修之所发展成为享誉中外的旅游胜地。

图 2-13　焦山鸟瞰

焦山的著名景观有：

定慧寺。焦山定慧寺始建于东汉兴平年间（194—195 年），距今已有1800 多年历史，是中国最早的寺院之一。宋代《景德传灯录》称其为历代祖庭。唐代玄奘大师的弟子法宝寂法师创建大雄宝殿，首开定慧寺宗派法系。以后有法相宗、天台宗、律宗、三门宗、曹洞宗、临济宗等法系传承，计有 92 代传人、52 位祖师大德。后经宋代佛印禅师住持扩建，渐成规模。宋大中祥符元年，宋真宗封焦山开山祖师焦光为"明应公"并建殿，且本山田地差役，概由优免。宋隆兴中，加封"英济"，建"明应英济公祠"。元代定名为焦山寺。清康熙御赐"定慧寺"匾额，沿用至今。乾隆皇帝南巡，焦山定慧寺是每次必到的寺院。明清时期，定慧寺书藏以收集有大量宋元明清的典籍而闻名江南。

　　1934 年定慧寺方丈智光法师创立的焦山佛学院,把现代教育与传统教育结合在一起,为中华佛教培养了一批在海内外有重大影响的高僧,成为现代佛教革新运动的一个典范。这里培养出来的许多学僧,后来成为 20 世纪后半叶内地、港台地区中华佛教发展的中坚力量。在海外著名者,如悟一,曾任世界佛教僧伽会中国主席;智光,焦山佛学院创始人,华严宗现代著名的僧人;东初,国际知名的中国现代佛教史专家、台湾中华佛教图书馆创始人;星云(在学院法名为今度),任国际佛教促进会会长、台湾佛光山开山祖师;知定,任美国夏威夷虚云寺住持;圣一,任香港大屿山宝莲寺和宝林寺两寺的方丈;在内地著名的,如茗山,曾任中国佛协副会长、江苏佛协会长、焦山定慧寺方丈、无锡祥符寺方丈;雪烦,曾任江苏省佛教协会副会长兼秘书长、南京市佛教协会会长;圆湛,曾任海南省佛教协会会长、三亚南山寺开山祖师;性空,曾为中国佛教协会理事、江苏省佛协副会长、苏州寒山寺方丈等等。

　　新中国成立后,将分布在焦山各处的 13 座小庵合并,统一称为定慧寺。它包括新、老山门、大雄宝殿与东侧的迦蓝殿、西侧的祖堂、前面的天王殿、后面的藏经楼,共同构成典型的江南四合院布局。

　　1980 年鉴真大师真身法像归国探亲,日本的森本长老专程来此与定慧寺的茗山大师聚首,并互赠字幅,森本写“山川异域,风月同天”,茗山写“寄诸佛子,共结良缘”,以示中日友好的良好愿望,为发展中日友谊作出了新贡献。

图 2-14　定慧寺

新山门。新山门即新建的定慧寺山门,它是一组仿明清建筑,于 2003 年建成,与大雄宝殿、天王殿保持同一中轴线,整组建筑由码头、防洪墙、石牌坊、照壁墙、如意桥、山门殿、钟鼓楼、亭桥、焦公亭、茗公亭、放生池等组成,气魄宏大,格调高雅,凸现出定慧寺作为全国重点寺庙的庄严气氛。

图 2-15 新山门

大雄宝殿。焦山寺院,初为草庵,唐初始建大雄宝殿,宋景平年间毁,后历经修缮,清康熙二十一年(1682 年)由邑人高拱斗按风格重建,迄今仍保留宋时藻井彩绘图案,弥足珍贵。大殿正中梁上置有清康熙皇帝所书"香林"御匾。抗日战争中,大殿遭日军轰炸,飞檐起火,僧众舍命登屋泼水扑救,才得以保存。现在已成为国内外佛教活动的著名圣地。

藏经楼。藏经楼建于大雄宝殿之后,曾名藏经殿、茂经阁。明正统十年(1445 年),敕赐大藏经全部,巡抚周忱建殿藏经,后毁,改阁。清同治五年(1866 年)重建为楼。1968 年,焦山滑坡,楼倒塌重建。藏经楼虽经多次兴废,但经书无恙。提起经书,确来之不易。明正统年间,朝廷刻藏经,焦山僧空满携徒如然赴京乞经,时天下乞经者闻风猬集,有司厌之,不愿上闻,如然誓不得经不回,坚持五年,刑部郎中吴谦深受感动,顿生怜悯之心,上奏朝廷,获李太后嗟赏,方得神宗敕赐。

老山门。老山门古朴典雅,"焦山定慧寺"金字匾额高悬在上,一对明代石狮镇守山门,门两旁挂着清光绪年间巴州廖伦写的楹联:"长江此天堑,中国有圣人。"门内照壁墙上镌刻着明代书法家胡缵宗写的四个大字"海不扬波"，和清代十五龄童王和写的"中流砥柱"四字。

图 2-16　老山门

华严阁。华严阁面临大江，背倚峭壁，是一座两层临水建筑。"华严"两字出于《华严经》，比喻这里是"百花齐放，包罗万象"的胜境。楼上厅堂正中原是一副"大江东去，群山西来"的对联，对登楼观景有画龙点睛之妙，对联现已改为"一片浮玉，十分江景"；楼下为"浮玉斋"素菜馆，颇具特色。华严阁是赏月的好地方，"华严月色"是焦山最富诗意的十六景之一。每当皓月当空，江上银涛万顷，波光粼粼，天空一碧如洗，交相辉映，给人如置身于玻璃水晶世界、进入仙境一般的感觉。中国佛教协会主席赵朴初居士在此挥毫题写"无尽藏"三字做匾，此句出自苏东坡和金山寺佛印和尚参禅的禅语"江上清风，山间明月，造物无尽藏"，寓意双关，耐人寻味。

在华严阁门北侧花墙上嵌有"龙飞凤舞"四个大字，为清朝两江总督徐传龙的手迹。相传每逢端午节，当地居民在此赛龙舟，祭奠爱国诗人屈原。焦山及周围山上的百鸟惊鸣，直飞云霄。"龙飞凤舞"四个字就是对当时热闹场面的描绘。

三诏洞。三诏洞又名焦公洞，位于焦山西麓登山道旁。焦山原建有焦公祠，内有焦公塑像。清顺治十年(1653 年)，和尚兴上将焦公像移置三诏洞中，焦公祠改为伽蓝殿。现已在定慧寺东侧复修。三诏洞在清光绪二十四年

(1898年)中秋,由焦光的后代焦尔昌重新整修过,洞中有一尊石刻像,服式为深衣大带,两旁站立两童子("文化大革命"中被毁)。现洞内焦光像是1979年8月塑成,身着隐士服,脚穿草鞋,右手执书卷,仪态大方,形象生动。

相传东汉末年,隐士焦光不愿做官,避乱流寓镇江,隐居在此。他学问高深,精通医术,经常在山上采药为周围渔民治病。他每天在山上砍柴,靠卖柴度日,自食其力,生活十分清贫。汉献帝刘协闻其高名,曾三下诏书请焦光出山做官,他都拒不应诏,世称"三诏不赴",故名三诏洞。据传,皇帝第一次下诏书时,焦光煎汤熬药,以妻子患病为由,加以推诿;第二次,借邀友出门远游而回避;第三次,焦光躺在床上,以自己年迈多病为由拒诏。后人为了纪念他,改当时山名樵山为焦山。

图2-17 三诏洞

壮观亭。壮观亭亭名取自李白"登高壮观天地间"诗意。登亭远望,南临铁瓮,北瞰瓜州,西接金陵,东控海门,引颈四望,只见白水青山,江山景色荟萃于此,风光壮观美丽。亭柱上刻有三副楹联:"江天共一览,心迹喜双清"、"砥柱镇中流,此处好穷千里目;海门吞夜月,何人领取大江秋"、"金山共此一江水,王母来寻五色龙",它们将焦山的景色气概描绘得淋漓尽致。亭旁有千年古柏一株,号称六朝柏,挺拔潇洒,如蛟龙昂首,顶天立地,至今千余年,还枝叶茂盛,苍翠葱郁,自成一景。宋代一位诗人曾为此咏诗一首:

一株天矫六朝松，多是坂埋与石封。

不要点睛亦飞去，前生原是在天龙。

图 2-18 壮观亭

百寿亭。百寿亭位于焦山西北半山腰别峰庵下。该亭是一座用砖砌成的方形凉亭，周围有墙，墙头与亭檐之间用瓦镶成一排古寿图案，东、西、北三面墙有拱门，东西两门山路贯串其中。南墙内壁中间竖嵌着四块条石，上刻一百个不同样的篆体寿字，变化巧妙，别具匠心。上有横额"百寿亭"三个大字，北面门头上刻有"水云深处"四字。现在亭内有石凳，可供游人小憩。相传此亭的来历是：清末有一善士范某，看到焦山脚下别峰庵的山路非常崎岖，登临困难，便捐钱铺设一条花岗石山路，直达别峰庵，庵主为了感恩，就建了这座百寿亭为他祝福。

别峰庵（板桥读书处）。别峰庵位于焦山双峰之阴的别岭之上，是一座小巧雅致的方形四合庭院，四周翠竹环抱。别峰是指这有别于焦山山顶的东峰和西峰。庵内北侧有小斋三间，天井中有一花坛，桂花两株，修竹数竿，环境十分清幽。这里是诗、书、画"三绝"的清朝著名书画家、扬州八怪之一的郑板桥于雍正年间读书的地方。现在过道门头上有引人注目的"郑板桥读书处"横额，门上还保留着当年郑板桥手书的"室雅何须大，花香不在多"对联。郑板桥深爱焦山满山修竹，留下不少墨竹诗画作品。他写了《题自然庵画竹》诗：

静室焦山十五家，家家有竹有篱笆。

画来出纸飞腾上，欲向天边扫暮霞。

万佛塔。一座佛塔供奉着一万尊菩萨，是当代中国佛教界的一大创举，因此叫作万佛塔。万佛塔坐落于焦山东北顶峰，于 1999 年 9 月建成开放。"万佛塔"匾额为全国政协副主席、中国佛教协会会长赵朴初先生所题。宝塔四周以塔院相围，设东西门厅，南北碑廊，建筑依山就势，错落有致，与焦山众多自然和人文景观相映成趣，浑然一体，蔚为壮观。塔院东、西门厅两侧墙壁上，分别嵌有"海不扬波"和"中流砥柱"四个苍劲有力的石刻大字。"海不扬波"意为焦山屹立江心，犹如镇海之石，驱逐水妖，既隐含了佛家"清平世界"之寓意，又寄托了世人祈盼风平浪静，希望永享太平的美好祝愿；"中流砥柱"形容焦山中流击水，稳若磐石。

焦山在元代以前建有砖塔，后因战乱被毁。20 世纪末，中国佛教协会副会长、焦山定慧寺主持、当代著名高僧茗山法师发愿重修此塔，供养万尊诸佛，定名为万佛塔。万佛塔是一座明清式江南风格的钢混结构仿古塔，高 42 米，七级八面，上有天宫，下有地宫，朱栏碧瓦，飞檐彩绘，配以现代化的照明系统，白日一派金碧辉煌，夜间从天宫中放射出八束光柱，直穿夜空，为江上过往船只指引迷津，凸显出"金碧辉煌，与众不同"的设计意境。万佛塔建成以后，镇江已是铁塔（北固山）、木塔（金山慈寿塔）、石塔（西津渡昭关石塔）、砖塔（宝塔山僧伽塔）和钢筋塔（万佛塔）五塔俱全，这在其他城市是极为少见的。建成后的万佛塔既为古寺增辉，又延续了焦山山裹寺的特色，游人见山见塔不见寺。

供人登临凭眺是中国佛塔建造艺术的一个鲜明特点。万佛塔在设计建造中，充分考虑到其观光用途和登临者的舒适与安全，在塔内一至七层设有供游人上下的专用楼梯，避免了相互拥挤和干扰。每层均有四门相通，回廊相连，外围不设廊柱。游人凭栏，或远眺，或俯瞰，或摄影拍照，均无遮无挡，十分方便。

"一山绿楼四面水,千年古寺万佛塔",当您凭栏远眺,只见青青群山西来,茫茫大江东去,镇江"城市山林"的风貌一览无余,金山、北固山近在咫尺,江北古城扬州隐约可见,江上白帆点点,山下游人如织,真可以说是登临观赏的好地方。

图2-19　万佛塔

吸江楼。吸江楼位于焦山东峰,原名吸江亭,因亭内四面有木雕佛像,所以又叫四面佛亭。清同治年间,常镇通海道沈秉成将亭重建为楼,并写了《吸江楼记》。他在记中说,我在镇江游览期间,常想携酒游览焦山,因事务繁忙,未能如愿,今春稍有空暇,就邀约几个同事来到焦山,披开荆棘,攀石登岩,盘旋而上,走走歇歇,终于到达山顶的四面佛亭。只因四周被树木遮掩,亭虽在山巅,但不能远眺四周景色,同时亭子已倾余欲倒,因此,捐款将亭翻盖,并改建为楼。登楼俯瞰大江,只见苍茫万顷,眼界顿时开阔,此楼仍命名"吸江",因不忘旧名也。现在的吸江楼是在1988年从万佛塔位置移建而成的。楼为两层,底层横额是"江山胜概",上一层横额是"吸江楼"。楼呈八角形,正檐上挂着小铃,阵风吹来,叮当作响。整个建筑是水泥仿木结构,有楼梯盘旋而上,回廊四通,八面有景,游客登楼远眺,大江南北旖旎风光,一览无余。夏日清晨到此观日出,别有风致。

图 2-20 吸江楼

御碑亭。定慧寺天王殿前一座木结构的古式方亭,上盖琉璃瓦,亭中竖立一块石碑,碑文是乾隆皇帝第一次南巡时作的《游焦山歌》,石碑背面是乾隆第三次来焦山时作的《游焦山作歌叠旧作韵》,因是皇帝手书刻碑建亭,所以称"御碑亭"。在御碑亭的旁边,有一株植于南宋淳熙年间的银杏树,至今树干粗大,枝叶婆娑,树干上长有爬藤、榆树和椿树,这种树上长树、一株四树的共生现象实属罕见。

茗山纪念堂。茗山纪念堂是在定慧寺内枇杷园基础上建造而成的,2004年开放,由主堂、事迹陈列室、影像室组成,主堂建在大理石砌成的大型莲花宝座上,堂内供奉着茗山法师的坐铜像,是了解、追思茗山法师一生功绩的好场所。

图 2-21 茗山纪念堂

　　焦山行宫。乾隆皇帝六下江南八上焦山,曾在这里建有焦山行宫、东行宫(竹楼)、上行宫(镜江楼)三处行宫,其中焦山行宫占地面积4000多平方米。现在的焦山行宫是新中国成立后在原来自然庵、五圣庵的基础上改造的,占地面积2000平方米,规模不大,但池、榭、亭、桥、竹园、古树相互映衬,是一组精致小巧的古雅庭院。院内有一棵400多年的枫杨树,树荫下有一栋叫观澜阁的两层楼建筑,50多年前,阁前还未形成沙滩,阁外惊涛拍岸,波澜起伏,故名观澜阁。楼上下东、南、西三面都有透明大窗,在楼上长廊观赏江景,视野开阔,近看花木扶疏,远眺江潮汹涌,白云飘逸,群山争秀,真是一幅绝妙的图画。

图2-22　行宫

　　焦山碑林。焦山碑林由摩崖石刻和碑刻陈列两部分组成。

　　摩崖石刻位于焦山西面山麓的临江岩壁上,环集于浮玉岩、观音岩、罗汉岩、雷轰岩、栈道岩一带峭壁上,绵延200余米,气势磅礴,蔚为奇观。现存有从六朝、唐、宋、元、明、清、民国各个时期的石刻80多方,《瘗鹤铭》原址,就在雷轰岩,已移置碑林,建亭保护。著名的有贺铸、刘龟年、米芾、陆游、吴琚、赵孟奎、洪吉亮、陶澍、康有为等名家题刻,其中唐刻《金刚经偈句》、宋刻《米芾题名、题刻》《陆游踏雪观瘗鹤铭》《吴琚春游焦山寺》等弥足珍贵。米芾、陆游、赵孟奎的题刻保存清晰完整,都在浮玉岩附近。《金刚经偈句》:"一切有为法,如梦幻泡影,如露亦如电,应作如是观。"书法出于唐代贞观和尚手笔,苍劲有力,字迹清晰。《灵隐寺志》载:"圣达贞观禅师姓范,钱塘人。"《焦山志》载:"罗汉岩前有唐人刻金刚经四句偈于石壁。"到浮玉岩就能清晰地看到宋书法家赵孟奎所写的两个大字"浮玉",不仅书法苍劲秀丽,而且生动传神地概括出了焦山的景区特点。在它的左面是陆游与友人踏雪寻访《瘗鹤铭》留下的题名石刻,已建厅保护,全文为:"陆务观、何德器、张玉仲、韩无咎,隆兴甲申闰月二十九日,踏雪观《瘗鹤铭》,置酒上方,烽火未息,望风樯战舰在烟霭间,慨然尽醉。薄晚,泛舟自甘露寺以归。明年二月壬午,圜禅师刻之石,务观书。"词文壮丽,书法刚劲有力,是难得一见的陆游书法原迹刻石,全文短短 74 个字,把游焦山的人物、时间、活动、情感、线路交代得清清楚楚,当代文学家刘白羽赞美说:这是中国最短的一篇散文。

图 2-23　摩崖石刻

碑刻陈列位于焦山东麓的碑刻博物馆内,珍藏碑刻 400 余方,其中有最著名的碑刻《瘗鹤铭》。焦山藏碑,历史悠久。北宋庆历八年(1048 年),焦山建宝墨亭,开始收藏碑刻。明代扩建为宝墨轩,收藏的碑刻益多。自清代以来,碑刻不断充实,蜚声江南。后因兵燹,毁失严重。后来,镇江市政府几经维修、扩建,成就了现在的碑刻博物馆。现碑刻陈列馆占地 7000 平方米,是自然庵、香林庵、玉峰庵、海云庵的旧址,分序馆、史料馆、文苑馆、瘗鹤铭馆等。展馆庭院错落,回廊曲径,荫浓生香,独具风韵。著名碑刻有唐《魏法师碑》《陇西李府君墓志铭》、宋《蓄狸说》、明刻宋米芾临《兰亭褉帖》以及清《澄鉴堂法帖》等,熠熠生辉,美不胜收。《瘗鹤铭》碑安居亭堂,焕发神采。这些石刻无论从史料方面还是书法艺术方面都有很高的价值,因此,焦山也被誉为"书法之山"。焦山碑林敷布江南碑刻精粹,展示历代书法风范,融自然景观与人文景观于一体,诚为名城胜迹,国之瑰宝。焦山碑林中著名的碑刻有以下8方。

图 2-24　焦山碑林院落

瘗鹤铭。《瘗鹤铭》是一方悼念仙鹤的碑刻,原刻于焦山西麓摩崖石刻雷轰岩上,后因山崩,坠于江中。宋代有人发现残石,后又陷入江中,到清康熙五十二年(1713年),由陈鹏年募工从江中捞起五块残石,移置焦山西南观音庵。1962年移入碑林。现真迹只存五石,计93字,其中残缺者12字,全字81字。铭文只写甲子,不列朝代,只书其号,不写真名。铭文托名仙侣华阳真逸撰,上皇山樵书,未著撰书年月。焦山碑林的所有石刻中,《瘗鹤铭》为第一名碑,为中外历代文人所赞叹。欧阳修称为"世以其难得为奇",黄庭坚称为"大字之祖",黄士冕称为"书家冠冕"。苏东坡评价说:"大字难于结密而无间,小字难于宽绰而有余。"明代王世祯说:"此铭古拙奇峭,雄伟飞逸,固书家之雄。"《瘗鹤铭》字体为楷书,参以隶、篆,行笔雄健苍古,方圆并用,结字错落疏宕,富于变化,反映了隶书向楷书过渡时期的特征;字体结构,有草书圆劲之势,有汉隶瘦掣之笔,又有篆书的筋脉。《瘗鹤铭》长期沉睡江中,宋代被人发现,好事者在冬季江水枯落时,拓字把玩,所以出水前的拓本称"水前本",十分珍贵,传世甚少。出水后的拓本以清末焦山的鹤洲和尚拓本最精。由于《瘗鹤铭》无全文传世,文中又以干支纪年,别号代替真实姓名,因此历史上考证此铭的作者、年代,众说纷纭,或称王羲之,或说陶弘景,也有说顾况、皮日休等,约提出二三十人,至今未有定论,但并不因作者未定而影响其在书法艺术上的地位。当代书法大师启功作有《瘗鹤铭》诗云:

> 江表巍然真逸铭,迢迢鲁郡得同声。
> 浮天鹤响禽鱼乐,大比无方四海行。

镇江焦山的《瘗鹤铭》和陕西汉中的《石门铭》被称为"碑中之王"、"南北两铭"。

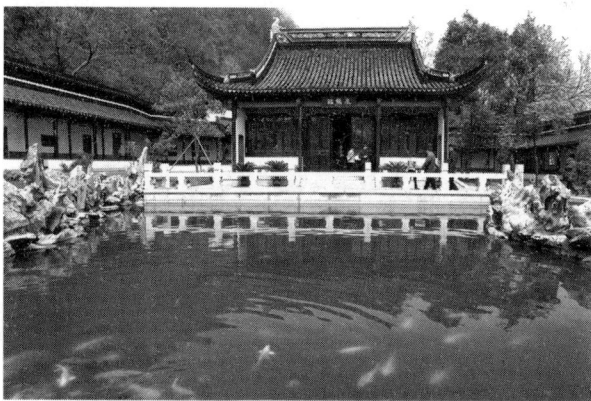

2-25　瘗鹤碑亭

壮观亭址瘗鹤铭别刻本。在焦山之西壮观亭旧址下存放一刻本,世称此本为别刻本。可惜的是此刻被明代人题刻时磨去了下半截。现存9行59字,其中4个字不全。《瘗鹤铭》坠入江后,游人夏季来观《瘗鹤铭》时,因水深见不到沉寂于江水里的原刻,往往瞻仰了这块石刻就满足了心理渴求,乘兴而返了。所以这块刻石在历史上也占有一定地位。明代海昌陈氏《玉烟堂本》、清程康壮重刻《玉烟堂本》、钱升重刻《颜宸家藏本》，以及近代流传的《瘗鹤铭》碑刻文，大多沿此刻而来。宋代《壮观亭址瘗鹤铭别刻本》高0.7米，宽1.2米，现已石漫，字迹不清。

刘岱墓志。《刘岱墓志》于1969年在句容县袁巷乡小龙口出土。刘岱是南朝齐时代人，距今1500多年。墓志石质为青石，高55厘米，宽65厘米，厚4厘米。志文分23行，计361字，全文清晰，字迹无损，实为难得。

刘岱，《晋书》《南史》无传，但墓志铭记刘岱是南徐州东莞郡莒县都长贵里人。相传他是晋永嘉之乱时，随其先祖由北方侨居到镇江的移民。生前当过山阴令。后来犯了事，被贬为白衣监余杭令。这段情节为研究《南史》与镇江地方史填补了空白。刘岱墓志铭的价值，还在于他对中国书法史的贡献。《刘岱墓志铭》的书体已少隶书笔意，可以说是成熟的楷书了，以前研究中国书法史有一种观点，认为楷书要到陈、隋时代才形成，从《刘岱墓志铭》的书体看，楷书艺术应在南齐时就已经基本成熟了，所以《刘岱墓志铭》为研究我国书法史提供了重要资料。

魏法师碑。《大唐润州仁静观魏法师碑》刻于唐仪凤二年（677年），由中书右史崇文馆学士安定胡楚宾撰文，清河张德言书，徐秀昉镌。碑高2.42米，宽0.87米。碑下龟趺，昂首怒视。碑首脊四龙互缠，形成圆肩，龙首俯瞰欲击，神态凶猛。碑额上镌《魏法师碑》4字，正文计33行，每行75字，记叙魏法师生平。书体端正，神态严正。张德言虽非初唐书法名家，但此碑的书法艺术堪与唐初褚遂良、虞世南等人媲美。魏法师名降（595—677），字道崇，位城（山东济宁）人。他"幼即慕道"，"甫及冠年"投茅山拜徐昂法师为师，贞观九年（635年）被召入京，"太宗嘉而悦之，由是蒙度出家，配居谯山之仁静观"（丹徒县大港镇）。后来唐高宗、武则天又给予他殊恩，死后，按唐代高级官员的葬礼，安厝于丹徒马迹山。清代金石家叶昌炽称赞此碑为"初唐妙品"。它是江南现存完整的一块初唐碑刻，对研究唐代初期的政治、军事和道教关系，有重要价值。

兰亭集序。明嘉靖年间镌刻的晋王羲之的《兰亭集序》陈列在回廊内，是隋开皇《兰亭集序》刻本,它是王羲之《兰亭集序》传世最早的石刻,有两种开皇本:一署"开皇十八年三月廿日",一署"开皇十三年十月",但后者不见于宋人著录。此刻为开皇十八年本,书势古厚遒劲,为书家推崇。石高0.3米,宽0.7米。还陈列宋定武本《兰亭集序》一方,石高0.33米,宽0.82米。这两方刻石,世不多见,特别是隋开皇本《兰亭集序》,更为稀少。

禹迹图。禹迹图石长约1米,宽1米,是我国现存最早的石刻地图之一。图首方框内刻有六行文字:"禹迹图,每方折地百里,禹贡山川名,古今州郡名,古今山水地名,元符三年正月依长安本刊。"图的左下角有立石时的跋文:"绍兴十二年十一月十五日左迪功郎充镇江府府学教授俞篪重校立石,冯遂镌。"图面标志的范围,东至黄海岸边,西至青海祁连山,南至海南岛,北至黄河北沿,主要山水的位置和州、郡的名称,都标志得十分精细和准确,反映了我国宋代的地理面貌和绘制水平。《禹迹图》成图于宋元符三年(1100年),重新立石于宋绍兴十二年(1142年)。绍兴十二年是镇江府学重建时期,俞篪当时是镇江府学的教授。《禹迹图》原砌在镇江府学墙上,20世纪50年代房屋翻修时,由镇江博物馆珍藏。

关于《禹迹图》的作者,有两种说法:一是10世纪的地理学家、《太平寰宇记》作者乐史;一是宋代的沈括,未有定论。英国著名的中国科技史研究家李约瑟博士说《禹迹图》是"宋代制图学家的一项最大成就,在当时世界上最杰出的地图"。

秦碣石门刻石。该刻石碑高133厘米,宽41厘米,共4石,篆书,计80字,全文是:"黔首元黧,天下咸抚。男乐其寿,女修其业。事各有序,惠被诸彦。久并来田,莫石安所。群臣诵略,请刻此石,垂著仪巨。"

秦始皇统一中国后曾5次东巡,7次刻石,《碣石门刻石》是其中一块。碣石位于河北昌黎,秦始皇三十二年(公元前215年)巡幸至此,由李斯书铭,歌颂秦始皇的圣德和业绩。碑文整齐划一,平衡对称,风格独异。原刻早佚,此刻为清人王绍兴嘱于焦山重刻。

澄鉴堂石刻。《澄鉴堂石刻》共42石,由宋代四川文同墨竹20石、苏轼墨竹22石组成,每方刻石高0.32米,宽0.44米至0.89米不等。这组石刻的由来是：宋熙宁五年（1072年），当时任杭州通判的苏轼与湖州知州孙觉相晤。孙觉将四川名士文同（1019—1079年，字与可，自号笑笑先生，四川绵阳人。宋皇祐年间举进士，迁太常博士，集贤校理，知陵州，转知洋州。元丰初年知湖州，越年至陈州宛丘驿时卒。善诗文，工书法，又善画墨竹、山水，尤以画竹著名）画的一幅风竹给苏轼看，同时，请苏轼画一幅与文同墨竹同样大小的风竹，苏轼当即挥毫画就，很觉满意，说"虽逾于刻鹄，或无愧于画虎"，并在画上题了长达63行的跋文，叙述了画竹之由，跋文中说，"与可为予从表足，尝教以写竹之法，谓欲写竹，必先得成竹于胸中，执笔熟视乃其见所，欲画者，急起从之，振笔直遂，少纵则逝"，后人从中引申出"胸有成竹"的典故。苏轼画成风竹后，又在文同的画幅上写了百余字题记，其中写有12个"笑"字，竟有6种不同的写法，形态各异，别开生面。

文同和苏轼画的两幅墨竹在北宋时分别得范纯仁、米芾、韩琦、文彦博、王伯思等人的题跋，元时藏入奎章阁。天历三年（1330年），文宗命鉴书博士柯九思、虞集审定，又藏入秘府。明嘉靖、万历年间，为收藏家项子京所得，清代先后为商丘宋荦、镇江张玉书收藏，嘉庆年间，丹徒县令万廉山得于张玉书裔孙处，后张井在做江南河道总督时将其收藏。

道光八年（1828年），张井为把这两幅珍品传之于世，嘱无锡金石家钱泳双勾勒石。因文同和苏轼的墨竹画幅过大，不易上石，仅将74位名人对两幅珍品的题识分刻在42块石上。"澄鉴堂"是张井的书斋名，故名《澄鉴堂石刻》。值得注意的是历代74位名人对文同、苏轼画的那两幅墨竹给予高度评价，诸多评价以诗词形式出现，并由题识者亲笔书写，其诗文之美、风格之雅、意境之深、书法艺术之精湛，因人而异，跃然纸上，犹如群星璀璨，蔚为大观，美不胜收。

此外，碑林陈列的石刻，还有唐刻《李德裕瘗舍利石函记》，宋刻黄庭坚《蓄狸说》残碑，明刻王献之《鹅群帖》，清刻颜真卿《多宝塔碑》、《东方朔画赞》，以及《印心石屋》残刻29石等，均臻上乘，弥足珍贵。

焦山古炮台。焦山古炮台位于焦山东侧的山脚下，八个炮堡呈扇形面对长江。为加强镇江江防，清雍正元年（1723年），京口守军在象山东码头建造小炮台,配置小火炮 12 门,镇江开始有炮台,以后陆续在江都仙女庙和镇江焦山、圌山建设炮台,四处炮台形成三角形交叉火力,扼守整个长江。焦山古炮台建于 1840 年鸦片战争前,它与江对面的象山炮台配合,封锁进入镇江的长江江面。清代炮台以方石为基础,以优质整木为梁柱,用糯米汁与黄泥、石灰、细砂捣拌成三合土,分层浇灌夯实而成,坚固异常。炮台由明堡、暗堡组成,大小炮台相互配合。大炮台设大铁炮一门,在大炮台旁边另设明台式子堡,设机动轻型小炮。每个炮堡都附有一座小弹药库,另有一个大弹药库在炮堡南端门外偏西处。在这些炮台中,规模最大、火力最强、配置最完善的是象山东码头炮台。焦山抗英炮台是我国近代反帝斗争的重要遗址,也是镇江人民英勇抗击外国侵略者的见证。现为江苏省文物保护单位。

图 2-26　焦山古炮台

桂花园(鹤园)。桂花园(鹤园)是焦山东南部植物游览区,主要为游客提供休憩场所。桂花园占地 10.7 公顷,2000 年前后建设,分为七个区,种植各类桂花品种,是镇江市最大的桂花园。它四面环水,园内有池塘、曲桥、草坪、仙鹤塑像等,2010 年在全面整治景区河道、沟通水系基础上建设。民间传说王羲之曾在焦山放鹤、瘗鹤,并写下《瘗鹤铭》,因此命名为鹤园。

第四节　北固险峻寺冠山

北固山雄踞于镇江市区北侧的长江之滨,山岭逶迤突兀,宛如一条跃入镇江城里的昂首、翘尾、拱背的巨龙,"自昔号奇胜地"。古人认为京口是东南第一郡，北固是京口第一山。所以古代关于镇江山水的著作，如《润州图志》等，都把北固山列于众山之首。

"此山镇京口，迥出沧海湄"，北固山在古代濒江临海，江面十分宽阔，山的东西两侧汪洋一片。《水经注》说："京城西北有别岭入江，三面临水，高数十丈号曰北固。"《南徐州记》也说，北固山"陡入江，三面临水"。北固山海拔52.5米，悬水峻壁，江山相雄，风景十分壮丽。山的前、中、后三峰间有条狭长的埂，名为龙埂，又名甘露岭。在古代，龙埂两侧是滔滔江流，人们把它和天台山的石梁相比，号称天下三险之一。山的前峰现有三国时孙权所筑的铁瓮城遗址，有汉初荆王刘贾（刘邦之兄）墓。东麓是革命烈士陵园。从地势上看，北固山雄伟而险固，耸峙斗绝，"控楚负吴，襟山带江"。南北朝的谢安、蔡谟等镇守南徐州时，都把北固山当作军事要塞。此后，北固山历来为州、郡、府衙署所在地。北固山雄姿英发，风流蕴藉，是一座历史传奇山，是一座豪气干云、气冲霄汉的英雄山，也是一座诗词文赋山。南朝梁武帝萧衍游览北固山，看到江山景色非常壮观，就兴致勃勃挥笔写下"天下第一江山"的题字。后来，宋代吴琚又仿照萧衍的御书，重写了这六个大字。至今，清人临摹的石刻还嵌在甘露寺廊的壁间。

北固山的甘露寺，为"江左名刹"。其盛名，是和《三国演义》分不开的。《三国演义》第五十四回"吴国太佛寺看新郎　刘皇叔洞房续佳偶"故事便发生在甘露寺。后来，戏剧家们又将这个故事改编成戏剧《龙凤呈祥》，成为最受人民欢迎的传统剧目之一。大凡到镇江来的人，都要去观瞻这座名寺。

"层阁叠危壁，因成千古名"，北固山所以名气很大，还因为山巅的古甘露寺建筑风格别具一格。甘露寺雄踞北固山后峰山顶，寺宇面东，两侧向南北伸展，寺背面向西延伸。甘露寺宇蜿蜒在苍穹间，仿佛给北固山山峰戴了一顶冠冕。因此，继金山"寺裹山"、焦山"山裹寺"之后，北固山有了"寺冠山"、"寺镇山"之说。

甘露寺初建于北固山下，宋真宗祥符年间，寺僧祖宣见山下的寺庙倒塌，就打算把寺庙移建到山顶上，由于祖宣不是一般的寺僧，他是皇帝的国舅，说的话还是起作用的，据说真宗皇帝为甘露寺移建事特地下了诏书，指派转运使陈尧主持具体事务，并赐良田 4000 亩贴补寺里的开支。甘露寺移建上山后，焕然一新，在北固山后峰之上形成了"寺镇山"的建筑风格，堪为寺庙建筑的杰作，不仅殿宇辉煌，极为壮观，而且规模宏伟，僧侣众多。据光绪《北固山志》记载，当时有寺宇 200 余间，僧侣 500 多人。

明清时代甘露寺的香火十分兴盛。洪武初年，明太祖亲选高僧常钦为甘露寺住持，常钦讲经时，听众常有千余人。明宣德年间，寺僧弦理担任甘露寺住持后，以兴建殿宇为任，先后修建法堂、多景楼、大悲阁、千佛阁、凝虚楼、雨花楼、大雄宝殿、禅堂、海岳庵、垂寺轩等，寺内房屋多达百余间，焕然一新。到了明代正统年间，甘露寺又进行了改造，据明人王直所写《甘露寺兴造记》称："正统三年（1438 年），甘露寺兴起之功成，寺之耆旧具本末以报，巡抚侍郎周公恟如书来求记，按寺乃吴主孙皓所作时改元甘露，因以为名。寺在北固山下临于大江，自昔号奇胜地。天监中武帝幸焉，赐大镬二，水饮僧，且书'天下第一江山'六字揭于楼上，久之，字废而二镬存至今。"改造后的寺宇变得更加壮观。明代大学士杨一清游览改造后的甘露寺称："向来山水留题处，此是人间第一禅。"甘露寺的禅意也越来越深厚。清人萨载题甘露寺联云："露降何年，萝径石门开法界；寺临无地，海云江月拥祥轮。"清人高晋又题甘露寺称："紫极焕璇矶，瑞露凝甘留净域；丹轮开宝相，香岩拥翠俯晴江。"在明代之时，被称为世界十大文化名人之一的日本画家雪舟来到了镇江，他在"大唐胜景图卷"中描绘了壮丽的镇江山水，画作以北固山为中心展开，江、山、城三位一体，山水相辉，楼台相映，山城相连，一派繁荣富丽的景象。雪舟画中有诗，他把诗情画意、闪光的智慧与镇江三山连到了一起。清代康熙、乾隆皇帝先后来北固山甘露寺拜佛，并在山上建有行宫。皇帝的驾临给甘露寺带来了好运，促使寺院进一步扩建，乾隆年间镇江僚绅捐款白银 8300 余两，在山下扩建寺宇、僧房共 240 余间，甘露寺成为镇江规模最大的古刹之一。因道光和咸丰年间的两次战火，甘露寺大伤了元气，寺宇楼阁遭到了毁灭性破坏。

北固山的风景名胜很多，多与三国文化、诗词文化等有关。主要景点有：

古甘露禅寺。甘露寺在北固山后峰山顶。传说甘露寺始建于东吴初期，寺额是张飞所书，但这并无史料可证。根据志书记载，寺的创建时间有三种不同的说法：一说是孙权的儿子孙皓所建，因为孙皓曾以甘露作年号；二说是南北朝时所建，因为寺中曾有萧梁的铁镬；三说是唐代名相李德裕所建。宋《嘉定镇江志》说，甘露寺是"唐宝历中李德裕建"，并引李德袼的《瘗舍利石函记》原文"余创甘露寺宝刹"为证。李德裕祭言禅师文中也说"因甘露之降瑞，建仁祠于高标"，这是他替甘露寺取名的自述。所以，上述三种说法，最后一种最为可信。

图 2-27　古甘露禅寺

现在的甘露寺是清光绪十六年(1890 年)镇江观察黄组络修建的。抗日战争期间，曾遭到日寇的疯狂破坏。后来，进行了重修。20 世纪末，镇江市为举办"三国名城旅游观光节"，对北固山甘露寺等建筑进行了全面修缮。

图 2-28　秀丽江湾

铁瓮城遗址。铁瓮城遗址位于北固山的前峰,即青云门街北面的鼓楼岗上。现存的遗址呈马蹄形,城周约 1 公里。

试剑石。试剑石在凤凰池右边,有一块苔迹累累的巨石,石头分成了两块,高一块,低一块,中间均有裂缝,平整如削,石头上刻了"试剑石"字样。相传孙刘联姻,被弄假成真。有一次,孙权和刘备同游北固山,刘备见凤凰池旁有一块巨石,即拨下佩剑,仰天暗自默祷:"我若能顺利返回荆州,成霸主之业,剑下石裂;若死于此地,劈石不开。"他手起剑落,只见火花飞溅,巨石应声而裂。孙权见此即问刘备:"你为何恨这块石头?"刘备假意地回答说:"我年近五十,不能为国清除贼党,心中异常愤慨。现蒙国太招我为婿,是我一生幸事。我向天问卦,如能破曹兴汉,就劈开这块石头,现果真如愿。"这时孙权暗想:"刘备莫非用此话来蒙骗我的?"也拔出宝剑对刘备说:"我也来问问天意,如能扫平曹操,也将石头劈开。"暗中祈祷:"如能再取荆州,兴旺东吴,石头也裂为两半。"随即挥剑劈开另一块石头。

图 2-29　试剑石

狼石。在北固楼附近有一只石羊,被称作"狼石"。唐宋时期的名人罗隐、苏东坡、蔡宽夫、陆游等,都很关注这只不平常的石羊,在自己的诗文中津津有味地谈论它。唐诗人罗隐在《题润州妙善前石羊》诗中说:"紫髯桑盖此沉吟,狼石犹存事可寻。汉鼎未安聊把手,楚醪虽满肯同心。英雄已往时难问,苔藓何知日渐深。还有市廛沽酒客,雀喧鸠聚话蹄涔。"点出了当年刘备和孙权曾在狠石上商议抗曹计谋的传说。

不过,照苏东坡的说法,坐在狠石上的人是诸葛亮,他是三国最聪明的谋士,胆大心细,遇事不慌,比刘备心理素质好,所以他能在曹操率领83万大军下江南的时候,保持稳定的心态,与孙权骑在狠石上相商抗曹大计。

溜马涧。溜马涧的位置在北固山后峰西北侧的峭壁上,看上去颇为险要,两面云崖夹峙,中间只有一线小径贯通上下,地形非常奇特,通人都有一定的难度,怎么也想不到却是当年孙权与刘备赛马的地方。

据说有一天刘备与孙权在甘露寺中饮酒,只见白浪掀天,江风浩荡,波峰之上有一只小船,船人驾驶自如,如在平地,刘备不禁赞叹道:"南人善驾舟,北人善乘马,信有之也。"孙权听了此话自思:"刘备莫非是嘲笑我不会骑马?"就命侍从牵过马来,飞身上马,驰骋下山,又加鞭回到山上,对刘备说:"难道南人真不会骑马?"刘备听了便敞衣上马,飞奔下山,又回到山来,两人将马停在山坡上,扬鞭大笑。后人称此地为"溜马涧",又名驻马坡、跑马坡。

到了明代崇祯年间,夜郎人朱云熙做了一件好事,他在石壁上写了"溜马涧"三个大字,给来寻涧道的人做个向导,让他们容易找到路径。可是这样的日子没有多久,山道上的杂草树丛就把他写的字和路给遮挡住了,后来古诗人张国谟在他的《溜马涧》诗中特别强调了这一点,他写道:"折坂临流不辨蹊,芒鞋踏处草萋萋。晓晴时见山僧过,暮雨惟闻野鸟啼。危不持人随步转,蔓藤绕笠上肩齐。樵夫指说沧桑事,曲径曾经驻马泥。"

图 2-30 溜马涧

京口宝鼎。沿着栈桥向东望,可以看到一个硕大无比的"京口宝鼎"。当游人靠近它时,会产生一种敬畏感,周围好像有股"势分三足鼎"的气氛在弥漫着,仿佛告诫人们北固山是东吴的兴霸之地,具有王者之气。宝鼎看上去古朴雅致,不多的图饰,给人更多的联想空间。站在鼎的旁边回望北固山,自然会联想到三国的传奇和东吴的霸业,心中会泛起怀古之意,感慨万千。虽然东吴的霸业和当年的英雄豪杰俱随烟灭去,但是北固山的形胜自古依然。那满山的翠色,挺拔的铁塔,秀丽的双楼,绝顶的古寺依旧是那么令人神往。宝鼎前面是一个广场,不仅衬托了鼎的庄严雄伟,而且可以让更多的游人来观赏鼎的形态。如今这个广场更体现出它重要的价值,这里成了歌舞升平的好地方,每到夜幕降临,就会有许多人来到广场健身休闲,他们时而伴随着优雅的乐曲翩翩起舞,时而随着有力的节拍,做起健身操来。这样的场景看习惯了,你会觉得鼎和广场之间也是蛮和谐的,宝鼎犹如一个忠实的卫兵,在保护着镇江人民的幸福生活呢!

千古风流甘露寺浮雕。该浮雕位于烈士陵园北门西南侧的院墙上,长约百米,汉白玉制材,2008年建成。浮雕共八组:江山如画、进妹固好、刘备拜乔、国太相婿、龙凤呈祥、情注爱河、返回荆州、孙刘联盟。

太史慈墓。太史慈,东莱黄县人,东吴有名的战将,官至建昌都尉。太史慈有位同乡,叫刘繇,在扬州做刺史,驻在丹阳。太史慈从故乡来投奔他,但是刘繇不识才,他没有让太史慈担当大任,只给太史慈做了一个小武官。这时孙权的哥哥孙策正在攻打刘繇的地盘,有一次,太史慈出巡到神亭岭,和孙策相遇,太史慈毫不畏惧,上前相斗,两人打战起来,孙策刺倒太史慈的坐下马,揽得太史慈系于颈后的手戟,而太史慈也抢到了孙策的头盔,一直斗到丢甲弃兵,徒手散打,还是不分胜负,正在难解难分之际,双方的骑兵都赶来,把他们救了回去。从此孙策对太史慈非常爱慕,有收为己用的想法。后来,太史慈守护刘繇败奔豫章,遁走于芜湖,逃入山中,而称丹杨太守。同时,孙策已经平定宣城以东一带,而惟泾县以西有六县尚未平服。太史慈即进驻泾县,屯兵立府,为山越所附。后孙策亲自攻讨泾县,用计捉住了太史慈,亲自为他解开绑缚的绳子,劝他归顺,太史慈感其诚,愿为孙策效力。孙策即任命太史慈为门下督，还吴后授以兵权，又授折冲中郎将。后来刘繇丧于豫章，其部下士众万余人无人可附，孙策命太史慈前往安抚招降兵众，左右均表示怀疑，说太史慈必一去而不还，孙策却不这样认为，他坚信太史慈的人格，亲自替其饯行，又送别至昌门，临行握住太史慈的手问："何时能够回来?"太史慈答道："不过六十日"，果然如期而返。孙策死后，太史慈辅助孙权屡建战功。后来在合肥与曹操部将张辽作战时，身中乱箭受了重伤，回京口后医治无效，临终前还大呼："大丈夫在世，当带七尺之剑，以升天子之阶。今所志未从，奈何而死乎!"言毕而亡，终年 41 岁。后人有诗赞："矢志全忠孝，东莱太史慈。姓名昭远塞，弓马震雄师。北海酬恩日，神亭酣战时。临终言壮志，千古共嗟咨!"孙权听说了太史慈的死讯，也很伤心，以隆重的仪式将其葬于北固山中峰下面。墓后湮没。清同治、光绪年间发现，曾修缮过墓场、汉碑、墓门、牌坊。1985 年重修，墓前竖大理石碑，上刻"东莱太史慈之墓"。2012 年新修，在墓前立了画像碑，碑上的画像英俊潇洒，呈猿手射箭之状，据说创作者就是根据史书上描写他的词句，经过一番仔细的思索感悟后，根据所勾画出的轮廓大样制作的。现为镇江市文物保护单位。

图 2-31　太史慈之墓

鲁肃墓。清《嘉庆丹徒县志》中说："横将军鲁肃墓在小岘山下苦竹里。"到了民国期间还有人看过墓上的墓碑。如今，这里的墓已经淹没了，只留下

"鲁肃坟前宿草齐,谢公宅外远山低。六朝人物今何许,苦竹深深一鸟啼"的叹息!鲁肃墓在保存完好时,一些镇江的诗人常去他的墓上怀古。清代诗人张崇兰到鲁肃墓祭扫后,称赞这位东吴英雄"大业竟从身后定,丰碑自向墓前横",是一位很了不起的三国人物。清代诗人鲍皋对这位东吴名将也很敬重,他在鲁肃墓上写道:"破虏封何在,巍然鲁大夫。霸图更代有,长者至今无。日暮烟平堑,江春酒满壶。指囷犹可作,差免哭穷途。"在他的心目中,鲁肃不仅是一位有勇有谋的英雄,也是一位忠厚仁慈的长者,是值得尊重的。现在的鲁肃墓是 20 世纪 90 年代初建的纪念性建筑,与太史慈的墓比邻,便于瞻仰。2012 年整个墓地修葺一新,重刻了"吴横江将军鲁肃之墓"的碑,又在墓前立起了鲁肃的画像碑刻,走到面前,这位性格豪爽、足智多谋的东吴风云人物仿佛活了起来,重新开始了与今人的对话。鲁肃,字子敬,临淮东城(今安徽定远)人,东吴杰出的谋臣和军事将领。鲁肃早年,袁术闻其名,请为东城长,鲁肃看袁术定不能成就霸业,便经周瑜的推荐,决定转向孙权。建安二年(197 年),鲁肃率领部属百余人随周瑜到江南投奔孙权。孙权对鲁肃的到来甚喜,立刻接见了他,并向他请教天下大计。孙权对鲁肃说:如今汉朝已是岌岌可危,四方豪杰纷纷起来占据一方,我继承了父兄的遗业,想建立像齐桓公和晋文公那样的霸业,您来投奔我,会怎样辅佐我,又有什么高见呢?鲁肃回答他说:如今汉朝已名存实亡,不可复兴。曹操现在就如同项羽,牢牢控制了天子,挟天子以令诸侯,一时不可卒除,您怎么可以做齐桓公和晋文公呢。为将军计,唯有鼎立江东,静观整个天下的变化,先占领和控制长江流域,然后才能建号称帝,以图霸业。此说被孙权赏识和接受,成为他倚重的将领。孙权接受了鲁肃的建议后,先后粉碎了庐陵太守孙辅、庐江太守李术等人的多次叛乱,又平定了江东各地方豪强的武装,击败了黄祖,稳定了阵脚,牢牢掌握了江东的主动权。

建安十三年(208 年),曹操率军南下,严重威胁东吴政权的安全。鲁肃与周瑜坚决主战,力排众议,提出联合刘备抗曹的策略。鲁肃私下劝孙权说:"我们这些做臣子的投降曹操,仍可谋得一官半职,你若投降可就没有安身之地了。"被孙权采纳,接着他又和周瑜一起作战,取得了赤壁大战的胜利,赤壁大战后,鲁肃被任命为赞军校尉。周瑜逝世后,孙权采纳周瑜生前建议,令鲁肃代周瑜职务领兵4000人,因鲁肃治军有方,军队很快发展到万余人。孙权根据当时政治军事形势需要,又任命鲁肃为汉昌太守,授偏将军。鲁肃随从孙权破皖城后,又被授为横江将军。鲁肃死后,孙权亲自为他治丧,诸葛亮也对他的去世深表哀悼。

图 2-32 鲁肃之墓

柳永墓。元《至顺镇江志》记载,柳永墓在土山下,这里的土山,即指北固山。曾经有一个叫羊滋的元代水军统领,他在北固山命令兵士凿土时发现过柳永的墓志铭。从搜访到的墓志铭摹本来看,知道这个铭是柳永的侄子写的。宋代名家叶梦得《避暑录话》中说,柳永死后,棺木被寄存在润州的一个庙里,没有钱去安葬。王和甫守润州时,同情这位才子的遭遇,方把他安葬下去。在《镇江柳氏谱》的序中也提到,柳永死后"葬丹徒土山"。

柳永原名柳三变,后改名柳永,崇安人。他科举出身,中过进士,也做过屯田员外郎之类的小官,但因为人放荡不羁,难以受到重用,没有多少时间,就被官场挤了出来,以至于混迹青楼之中,终身潦倒,甚至死后的墓葬钱都没有着落,据说还是一班有良心的妓女们凑钱才打发了他。但柳永在仕途上的失落并不影响他在宋代文坛的发挥,他在文坛的影响是无人取代的,如他最著名的《雨霖铃》是婉约派词人的登顶之作,人们一听到"寒蝉凄切,对长亭晚,骤雨初歇。都门帐饮无绪,留恋处,兰舟催发。执手相看泪眼,竟无语凝噎。念去去千里烟波,暮霭沉沉楚天阔。　　　多情自古伤离别,更那堪冷落清秋节。今宵酒醒何处,杨柳岸、晓风残月。此去经年,应是良辰好景虚设。便纵有千种风情,更与何人说"的词调,就会联想起词人离京南下时长亭送别的情景。从日暮雨歇,送别都门,设帐饯行,到兰舟催发,泪眼相对,执手告别,依次描述了离别的场面和双方惜别的情态,展示了令人伤感而又极其深刻的一幕,这种词调的感染力无疑是巨大的。他在词中采用的慢词这一新创作手法更具特色,后来的宋代词人秦观、辛弃疾等,或多或少都受到了他的影响。贺裳《皱水轩词筌》中说,柳屯田"今宵酒醒何处?杨柳岸,晓风残月",自是古今俊句。周济也在《宋四家词选》中说:"清真词多从耆卿夺胎,思力沉挚处,往往出蓝。然耆卿秀淡幽艳,是不可及。"

柳永写的词贴近生活,多描写城市风光和歌妓生活,尤其擅长抒写羁旅行役之情,受到百姓的喜爱,甚至流传到了国外。宋代在镇江担任丹徒尉的叶梦得说过:"柳耆卿为举子时,多游狭邪,善为歌辞,教坊乐工,每得新腔,必求永为辞,始行于世,于是声传一时。余仕丹徒,尝见一西夏归朝官云,凡有井水处,即能歌柳词。"《避暑录话》中也记过一个外国人的话:"凡有井水之处,即能歌柳词。"

相传北宋文豪苏东坡想和柳永比一比词,他曾问幕府中善于唱歌的人:我的词比柳永的如何?回答说,柳郎中的词,只能由十七八岁的姑娘,拿着红牙板,敲着点子唱:"杨柳岸、晓风残月";学士的词呢,那须要关西大汉,用铜琵琶,铁拍板,大喊大叫地唱:"大江东去"。苏东坡一听,忍不住哈哈大笑,但也无话可说,只好承认别人的评论有道理。

在宋词的作家团队中,柳永是一个旗手,不仅因为他作词早、作词多、影响大,更因为他在宋词创作上的大胆创新和突破,他不仅是婉约派的种子选手,而且在创作形式上为苏轼、辛弃疾等豪放派作家拓展了无限空间,应该说,他的创作奠定了宋词昌盛的基础。在世时,他的词即已"天下咏之"。柳永虽然没有在镇江留下词作,但他葬在了北固山,把他那伟大的灵魂安放在了北固山。清代赵彦俞曾经作词纪念柳永,他在词前说明:"《避暑录》为柳永死润州,王和甫为守葬之土山,俗以清明上坟吊柳七,据此则柳墓似在吾邑,乡关一别,三十载于此节近清明而赋此",表明了自己虽然远离故土 30 年,仍然没有忘记这位长眠于斯的词人,接着,他又写道:"芳草西津那堪问,故里清明时节,相思遥隔天涯。怀人转凄绝,春去也。荒坟一掬,但听得数声啼鸟,往日浮名,千秋过客遗恨呜咽。更休指仙掌真州望,烽火微茫便难说,唯有土山深处,记王郎碑碣,低唱到屯田乐府,忽黯然再赋离别,寄与一曲,招魂晓风残月。"

东吴文化长廊。东吴文化长廊在门楼的左侧,如今依山脚下建起了一排东吴文化长廊,游人在长廊中一边散步,一边欣赏以三国故事而创作的国画和诗词书法,可以了解到北固山与东吴发展千丝万缕之间的联系,还可以感悟惊心动魄的三国历史,在长廊弯曲的连接点,分别建了望江亭、依山亭,两亭的亭柱上都有对联,为范然撰。联云:"吴王何在千古龙争留胜迹,美景长新一朝虎跃诘华章";"往昔三分天下东吴开霸业,而今千古江山北固展宏图"。

天下第一江山石刻。在北固山后峰上有一处比较开阔的廊壁,如同大门,正对着"南徐净域"佛地。当这扇虚拟的大门向人们敞开"心扉"时,最引人注目的是被镶嵌在墙壁上的"天下第一江山"六个大字石刻,那刚劲有力的刀锋、气势不凡的石刻为北固山的雄奇平添了不少色彩。它由宋代著名大书法家吴琚所书,由清代程康庄临摹勒石,被镶嵌在山顶的廊壁上,是名城镇江的又一无价之宝。

图 2-33　天下第一江山石刻

凤凰池。在北固山中峰的脚下,明代开国皇帝朱元璋曾驾临凤凰池,召见镇江地方士绅,如丁熙拱等人,有"守法、守业、守诚"之训,想必凤凰亭也是这位帝王停留时的暂息之地。随朱元璋一起来的有庐陵诗人王臣,他献诗称颂,诗中也没忘了赞美一下凤凰池,诗中有"山云欲到龙初起,池水空清凤未还"的句子。

凤凰池边还建过一个小亭子,名叫"凤凰亭"。甘露寺的一位住持僧人如愚写过一首《凤凰池》的小诗:"清池但使灵源在,犹待丹山彩凤来。小构茅亭池上住,山窗日向镜中开。"诗中提到了凤凰池边建亭的事。

到了清代,凤凰池失去了往日的安宁,邻近的地方成了清军训练的大教场,马不停蹄,喊声不断,引起了文人的不满,于是有人写了一首《凤凰池》的小诗嘲讽说:"渺渺一池水,刚临阅武场。凤凰不可见,万马浴斜阳。"

海岳庵遗址。海岳庵宋代时在凤凰池的东南角,是大书画家米芾的居所。北宋哲宗时,米芾爱慕北固山下的风光宜人,就用自己珍藏的一块研山石向苏仲恭学士换得北固山下的一块住宅园地,建了一处别墅,初名"净名斋",后改为"海岳庵",并自题其居曰:"天开海岳",又自号"海岳外史"。后来清代有名的画家郑板桥也在海岳庵内题了一联:"临流可吸西江水,隔岸拳擎北固山。"

清人蒋之奇认为,北固山突入江中,三面临水,南眺,则"云气涨漫,冈岭出没,林树隐现",俨然一幅天然图画,故而产生了米芾笔下的《海岳庵图》和《金山图》,米芾的成功,源自北固山水提供的丰富的创作素材。海岳庵优越的自然环境配以山头的佛教净域给了大画家宁静的心态,"满床图籍锁崖阿",在这里不仅能构思作画,而且能精研理论,所以能写出像《书史》《画史》这样的书画名著。

海岳庵维系了一百多年后,遭到了损毁。到南宋时,在镇江做官的岳珂出于对米芾的仰慕,又在海岳庵遗址上新建了一个精致的小园——研山园,小园从构园的立意、园名、楼名、景名的题写,到楹联、诗词的书写,都运用了米芾的诗文。他不仅以米芾当年拥有的奇石"研山"为园名,又用米芾诗文中的词语来题写园中的各个景点,如宜之堂、抱云堂、陟嶽亭、英光祠、小万有、彤霞谷、春漪亭、鹏云厅、里之楼、清吟楼、二妙堂、洒碧亭、静香亭、映岚山房、涤研池等。

岳珂是南宋的文学家,字肃之,号亦斋,晚号倦翁,是岳飞的孙子,他在镇江生活多年,开禧元年(1205年),在取得进士功名后,以荫监镇江府户部大军仓,历光禄丞、司农寺主簿、军器监丞、司农寺丞。岳珂同米芾一样喜欢北固山,留下过传世的佳作,其中《祝英台近北固亭》就为人称道。每当人吟起"澹烟横,层雾敛。胜概分雄占。月下鸣榔,风急怒涛贴。关河无限清愁,不堪临鉴。正霜鬓、秋风尘染。漫登览。极目万里沙场,事业频看剑。古往今来,南北限天堑。倚楼谁弄新声,重城正掩。历历数、西州更点"的时候,就仿佛看见这位抗金英雄登北固亭遥望江山的身影。

到了明代宣德年间,甘露寺的僧人在旧址上复建了海岳庵。到了清初,海岳庵又受到损坏,宝晋斋也破损不堪,后来康熙皇帝南巡,进行了维修,赐额"宝晋遗踪"。到了乾隆二十八年(1763年),丹徒县令贵中孚把海岳庵改建成宝晋书院,并把珍贵的宝晋斋旧砚入藏。《宝晋书院志》云:"康熙中,何将军天培治园亭,海岳庵侧掘地得砚后,藏于书院,研长七寸,广四寸,高二寸许,面为圆图,受墨襄阳自为铭曰:彼美兰亭,贻自右军,展卷悠然,如行山阴。江左风流,万古弥馨。图之于砚,临池生云。其直千缗,宁易鹅群。砚阳有'宝晋斋'三大字,亦襄阳笔,四围虚其一,其前左右三面刻兰亭图,其后下虚上端镌'云林主藏'四篆字。"镇江知府赵佑宸在宝晋书院落成时,为它题写了这样一副楹联:"六载守京江,所期寒士欢颜,安得万间广厦;一庵怀海岳,所幸昔贤遗迹,犹存千古江山。"

海岳庵建筑虽然已无存,但遗址尚存,我们深信,不久的将来镇江人民会复建这一名胜古迹。

文天祥脱险处。以"人生自古谁无死,留取丹心照汗青"而永垂青史的民族英雄文天祥,在其《指南录》中,有题为"京口脱险"组诗15首,记述他1275年一月出使元营谈判、被扣北上、计脱京口的经历。文天祥从京口脱险,是经过北固山下的。为了纪念文天祥在镇江脱险的史实,以弘扬爱国主义精神,镇江市政府于1991年建成了文天祥镇江脱险遗址纪事碑,并于同年12月11

日举行了揭碑仪式。

观音洞。若到江边的古渡,路上可以看到北固山后峰五圣岩下的观音洞,此洞深约三丈,高阔各丈余。据《北固山志》记载:观音洞在石壁下,元朝至顺年以前,曾有寺里的和尚利用石洞建屋,在里面修行,供奉观音像。

明代镇江府学教授高一福诗云:"古洞苍崖境最幽,红光不到好禅修。藤岩坐寂传空谷,斗室谈玄剖聚沤。日耀慧灯千古镜,风超苦海四时舟。何时会到非分想,顿觉摩尼自在游。"洞壁上有明末丹徒知县庞时雍题的"云房风窟"四个大字。过去洞前还有曰"小普陀"的题额,不知出于谁的手笔。光绪年间,曾有来自湖北一带的云游僧在洞里供奉观音的塑像,并把其洞称为卧龙洞。《北固山志》中说:光绪年间,浙西有号仙都山樵者来北固山,他把卧龙洞与武圣岩、秋月潭、五岳塔、走马涧、虾蟆石、甘露门、石帆峰、真柱石、凌云亭称山后十景。相传天阴云起有卧龙其下,今有僧在洞外建屋三楹,有楼塑各像焉。

笑啼岩。笑啼岩位于观音洞附近,摩崖石刻是"笑啼岩"三个大字,上款小一点的字是"第三",下款是题写人"李宁斋"。全国"笑啼岩"石刻有四处,其中摩崖石刻三处,碑刻一处。凿刻时间最早的是江西庐山风景区东南星子县秀峰龙潭石壁上;之后是河南信阳鸡公山的"笑啼岩"石刻,上款为"第二";镇江北固山的"笑啼岩"石刻落款未写时间,可能在 1936 年前后;还有一块湖南长沙岳麓山中段白鹤泉南侧的"笑啼岩"碑刻,于 1938 年书刻。四块石刻的书者均是韩国志士李宁斋,他 1870 年 2 月 1 日出生在忠清南道,他是在 1922 年,在韩国庆尚北道青松市杀死 2 名日本巡警后,亡命到中国湖北汉口。之后,在中国作为大同协会(打到资本主义、军国主义、侵略主义为目的的由中日韩三国民众组成的合作团体)代表并凭借临时政府独立运动团成员身份为祖国的独立进行了不懈的斗争。1944 年秘密回国后被日本警察拘捕,被禁闭在鸡龙上新都安的深山中,当年 7 月 14 日,以 74 岁结束了一生。李宁斋在中国开展独立运动期间,为了让子孙后代了解他们的这一段抗日历史,他在中国的四个地方的岩石上刻上了"笑啼岩"几个字。

秋月潭。秋月潭在北固山的悬崖峭壁下,至今在崖石间仍可见旧刻"秋月潭"。历史上的秋月潭还是颇为壮观的,它的面积和水貌远远超过了现在的秋月潭。据《嘉定镇江志》中记载:在宋嘉定年间,郡守史弥坚发现当时的北固山下有水泽,深不见底,就进一步把它扩大为潭,在此基础上,史弥坚又把潭打通,直接与通江的归水澳连接,用来隐藏防江军船,以避江中狂风巨浪的袭击。秋月潭能用来隐藏防江军船,可见面积是不小的。

北固楼。与多景楼相邻不远处,耸立着北固山中最高的建筑——北固楼,该楼于 2013 年重建。若从北固楼的正门进入,可以充分感受到这座楼的雄霸之气。此楼位于北固山后峰顶端,整个建筑风格仿古,除因抗震需要不得不在结构上采用两根钢材外,其他部分均用实木打造,其中,从东南亚进口的合抱柚木尤为引人注目,共用木料达 600 多立方米。在建筑上,采用了宋代《营造法式》,梁柱等大木制作均为榫卯结构,不用一根铁钉。

步入北固楼中,柚木淡淡的清香就会迎面扑来。北固楼的建筑面积约420 多平方米,高度达 19.9 米,檐牙交错,翘角凌空,仿佛展翅欲飞的鹤翼。北固楼分为三层,明二暗三,屋顶为十字脊,一层设有副阶,二层设有平座。此外,一层北侧设有观景平台,向长江方向延伸约 5 米,完全悬空,前端直逼北固湾栈桥,与最近山体的垂直距离在 10 米左右,增加了它的凌空气势。登上二层平座,既可远眺滚滚万里长江和对岸的瓜州,也可尽览以金焦二山、润扬大桥、江海之门及高层建筑为代表的古典文化与现代文明交相辉映的镇江古城新风貌。三层则是北固山的最高点。

北固楼不仅能登高望远,观赏城市风貌,而且能观赏到楼本身丰富的文化内涵。它的内部陈设精致典雅,具有浓厚的古代文明色彩,且层层风格不同,各有特色。在其四周的环境布置中,我们可以看到北固楼的历史变革过程,以及因之而延伸开来的与镇江历史文化相关的文化精品介绍,欣赏到历史名人在北固楼中所创造的辉煌与杰作。

北固楼最早在《梁书》、《南史》中有记载,《辞源》中有它的词条。当年它并非风景区内的名楼,而是更接近于一座军事用途的"城堡",其中有楼、有亭、有屋,被用来作为江防的军事指挥中心和储存兵器的军械库。

东晋成帝咸康五年(335 年),蔡谟担任南徐州的刺史,为了进一步加强军备,他决定仿效名将谢安的江防战略,构建北固楼,作为应对长江战事的指挥中心,这就是他"东至土山,西至江乘,镇守八所城垒,十一处烽火城,望三十余里,起楼山上以置军实"的根本原因,可以说北固楼的命运是和"战事"连在一起的。没有想到日后这个长江战事的指挥中心整个地"脱胎换骨",竟然由于两位有才气的皇帝登临赋诗而演变成了一个著名的景点,充满了文化内涵,成为后来文人雅士垂青的地方。

最早登临北固楼的皇帝是梁武帝,他一登山就把北固山的名字给改了。据《梁书》"武帝本纪第三"中记载:在梁大同十年(544年)春三月,梁武帝"幸京口城北固楼,改名北顾",梁武帝为北固山改名,并不是一个皇帝的心血来潮,而是他具有自己独到的见解。究其改名的原因,《太平寰宇记》中是这样解释的:"旧北固作固字,梁高祖云作固。作固诚有其语,然北望海口,实为壮观,以理二推,宜改为顾望之顾。"这次登临北固楼,给梁武帝的印象很深。从绝顶登楼北望,京口素来喜欢称雄的特点一览无余:山下江水冲击北固山壁的雷鸣声、山谷松涛起落的呼啸声、山上寺院悠扬的梵钟,让梁武帝大饱眼福,顿生诗情,他"登楼久之",流连不去,写下了《登北固楼》诗,描述了当时的观感,诗云:"歇驾止行警,回舆暂游识。清道巡丘壑,缓步肆登陟。雁行上差池,羊肠转向逼。历览穷天步,酾瞩尽地域。南城连地险,北顾临水侧,深潭下无底,高岸长不测。旧屿石若构,新洲花如识。"这首诗描述了他所看见的险峻之态,如用"雁行上差池,羊肠转向逼",来衬托北固山路的崎岖和险窄,说明了80岁老人此次登楼的不易;又用"南城连地险,北顾临水侧",来突出北固山临江地险的壮观;最后用"旧屿石若构,新洲花如识",来形容江上大大小小沙洲的美丽。虽然这位皇帝的即兴诗文无法和后来的唐宋名家咏北固山媲美,但在把握北固山的"险峻"上做文章,还是很成功的。后来他把此山题为"天下第一江山",应该说和他的这次登楼北望大有关系。

继梁武帝登临北固山之后,他的儿子简文帝萧纲也登过北固楼。他大力提倡"宫体诗",是一位擅长写作的皇帝。他登上北固楼时,一改过去写诗委婉缠绵的习惯,书写中充满了激情,将一首《奉和登北顾楼》诗奉献给了这座神奇的山丘。他在诗中写道:"春陵佳丽地,济水凤凰宫。况此徐方域,川岳迈周泮。皇情爱历览,游涉拟崆峒。聊驱式道候,无劳襄野童。雾崖开早日,晴天歇晚虹。去帆入云里,遥星出海中。"诗中描述了他看到的动人场景,把这里称为"佳丽地";又抓住了北固山之美,美在秀丽之中,兼有雄壮之气的特点,最后只用了疏疏朗朗的几笔,就美态毕呈,将日出雾崖和晚虹散晴的变化形象地表现了出来,又用"去帆入云里,遥星出海中"之句,反映远眺之中江景的风光可人。

北固楼至宋代时文气最盛,宋代词人辛弃疾在这里挥毫泼墨,留下了《南乡子·登京口北固亭有怀》和《永遇乐·京口北固亭怀古》的不朽名篇,其中的《永遇乐·京口北固亭怀古》更是宋词的代表作,杨慎《词品》说:"辛词当以京口北固亭怀古《永遇乐》为第一。"毛泽东主席一生挚爱这首词,在他留下来的墨迹中,我们发现他用毛笔、铅笔多次书写过这首词,他的这些手迹现在被保存在镇江档案馆。

除辛弃疾外,还有不少宋、明、清诗人和词人均有作品传世,如宋代的米芾、仲殊、陆游等,元代的萨都剌、余德邻等,明代的黄淮、徐瓒等,清代的钱谦益、鲍之钟等。

北固楼在历史上曾数次修建,有史可考的是在宋乾道五年(1169 年),右朝散郎敷文阁陈天麟在任时,出资修建,并亲自撰写了记文,立碑纪事,其碑后亦受损。至嘉定七年(1214 年)待制史弥坚命郡吏搜访得之时,碑已不完整,裂为三块,并失去了其中的一块,所幸大部分文字"尚可读也"。以后,北固楼在宋绍熙三年(1192 年),殿撰赵彦逾重建;在宋嘉泰二年(1202 年),阁学黄由又一次重建。

北固楼是如何消失的?它什么时候以楼存,什么时候以亭代,后人至今也没有弄清楚,因为史料本身就说法不一,考古也未见类似的发现。南朝末期顾野王所编《舆地志》中说:"北固山有亭,屋五间。蔡谟以置军实,刘牢之败,为其子敬宣所焚。"此说不知何据?因为《南史》五十一卷《萧正义传》中记道:"萧正义,字公威,初以王子封平乐侯,位太常卿,南徐州刺史。属武帝幸朱方,正义修解宇以待舆驾。初,京城之西有别岭入江,高数十丈,三面临水,号曰北固。蔡谟起楼其上,以置军实。是后崩坏,顶犹有小亭,登降甚狭。及上升之，下辇步进。正义乃广其路，傍施栏。翌日上幸，遂通小舆。上悦，登望久之，敕曰：此岭不足须固守，然京口实乃壮观。乃改曰北顾。赐正义束帛。"说明了此楼不是被刘敬宣所焚，而是崩塌毁坏，只剩下了亭子。

　　由于史料的记载模糊不清，一会儿称北固楼，一会儿说北固亭，后世就有了以亭代楼的说法，《读史方舆纪要》中载：北固山"下临长江，三面滨水，回岭斗绝，势最险固。晋蔡谟起楼其上，以贮军实，谢安度营葺之，即所谓北固楼，亦曰北固亭"，实际上都指的同一座建筑。

图 2-34　北固楼

　　多景楼。在石帆楼的旧址上，可以看到 2013 年移建到此的多景楼的侧影，其正面临江。南宋张邦基《墨庄漫录》卷四载："镇江府甘露寺，在北固山上。江山之胜，烟云显晦，萃于目前。旧有多景楼，尤为登览之最，盖取李赞皇（按，即李德裕）题临江（亭）诗有'多景悬窗牖'之句，以是命名。楼即临江故基也。"

　　登上多景楼，极目远眺，山光水色，奇景多姿，真有凌空飞翔之感。"百年戎马三分国，千古江山一倚楼。"朝东眺望，滔滔江流，一泻千里，青翠的焦山在万顷碧波之中缥缈；西边，千峰万岭，山峦重叠，愈远愈淡，与碧空融为一体；近处的金山，由于背景鲜明，益发显得清丽；江对岸扬州的文峰塔隐约可见。宋代诗人尤其喜欢楼上的氛围和景色，"唐宋八大家"之一的曾巩对楼中凭栏远眺的景色描绘得尤为出色，堪称杰作。他在诗中是这样描述的："欲收佳景此楼中，徒倚阑干四望通。云乱水光浮紫翠，天含山气入青红。一川钟呗淮南月,万里帆樯海外风。老去衣襟尘土在,只将心目羡冥鸿。"全诗如一幅美丽的山水长卷展现在我们的眼前,通过诗人的笔触和刻画,将天上的云、地上的水、动人的紫翠之色以及明月高悬、海风吹拂的场景熔于一炉,从不同的角度、不同的方位描绘了登楼所看到的美景,给人身临其境之感。

1074 年仲冬,苏东坡与好友孙巨源、王正仲在北固山聚会喝酒,当时晚霞斜照,江山尽染,宾主尽欢,苏东坡即兴创作了脍炙人口的《采桑子·润州多景楼与孙巨源相遇》:"多情多感仍多病,多景楼中,尊酒相逢,乐事回头一笑空。 停杯且听琵琶语,细捻轻拢,醉脸春融,斜照江天一抹红。"苏东坡说镇江甘露寺多景楼是天下殊景,这次他与孙巨源、王正仲在北固山多景楼聚会,有两位少女长得又特别的美妙,大家面对这样的奇遇,都尽兴喝酒玩乐到深夜而归。可惜这样的乐事不能长久,一笑之后,眼前的"乐事"便消失了,多情多感多病仍然留在心中,"乐事回头一笑空",把人们对好事易散的那一刻感情世界生动传神地表达了出来,在每个读者心中都能引起共鸣,因而成为千古名句。

1164 年二月,39 岁的陆游从南宋朝廷枢密院编修的任上调任镇江府通判。当年十月的一天,他陪同知府方滋来到北固山,在多景楼上写下了被后代认为是其代表作的《水调歌头·多景楼》:"江左占形胜,最数古徐州。连山如画,佳处缥缈著危楼。鼓角临风悲壮,烽火连空明灭,往事忆孙刘。千里曜戈甲,万灶宿貔貅。 露沾草,风落木,岁方秋。使君宏放,谈笑洗尽古今愁。不见襄阳登览,磨灭游人无数,遗恨黯难收。叔子独千载,名与汉江流。"登楼远望的陆游,面对滚滚长江,莽莽群山,触景生情,抚今追昔,想起了历史上发生在镇江的三国英雄人物孙权、刘备,想起了他们联合战胜强敌的往事,反观南宋朝廷刚刚失败的抗金北伐,心情抑郁惆怅,表达了自己希望为抗金事业发挥才能、作出贡献的愿望。

在陆游走后 25 年,杰出词人陈亮于宋孝宗淳熙十五年(1188 年)奉旨来到京口、建康(南京)观察地形,他登上北固山多景楼,写下了堪作他一生政治宣言的著名爱国词篇《念奴娇·登多景楼》:"危楼还望,叹此意,今古几人曾会?鬼施神设,浑认作、无限南疆北界。一水横陈,连冈三面,做出争雄势。

六朝何事,只成门户私计?　　　因笑王谢诸人,登离怀远,也学英雄涕。凭却长江管不到、河洛腥膻无际。正好长驱,不须反顾,寻取中流誓。小儿破贼,势成宁问强对!"在词中,陈亮一改陆游抑郁沉闷的心情,以雄视百代,慷慨激越的笔法,以词言事,寄托自己恢复中原、实现国家统一的政治激情,其中,他将镇江的地理环境用"一水横陈,连冈三面,做出争雄势"来概括,既气派雄伟,又准确传神,成为唐诗宋词中描写地理形势的佳句。

新中国成立后,陈毅元帅慕其名,也登过多景楼,在这座"云捧楼台出天上,风飘钟磬落人间"的神奇建筑上瞭望山水的多姿,听江泛涛声,渔歌唱晚,觉得看到了山峦起伏,青螺浮现,似乎特别有好感,充满了诗情画意,曾在楼上激动地说:"不要看画了,这里就是万里长江画卷!"他咏吟了一首佚名(民间传说是乾隆皇帝作)诗:"长江好似砚池波,提起金焦当墨磨,铁塔一支堪作笔,青天够写几行多。"

历代诗人都喜欢多景楼上的氛围和景色,他们经常三五成群,相约而至,到楼中来赏景,把这里当作聚会赋诗的场所。因此,多景楼中的文气极盛,诗作最多。以光绪年间的多景楼为例,当时的多景楼分三层,层层都有名联,这些对联根据环境的不同虽然长短不一、字数不同、墨迹各异,但其蕴含的魅力都是无穷无尽的。从上而下观之,多景楼最高层的题额是"无尽藏",下面的联云:"好景无边,有许多雉堞参差螺峰绵画;层楼更上,直看到芜城月色瓜步烟痕。"中间的一层,题额是"天下江山第一楼",是宋代大书画家米芾写的,下面的联云:"俯仰有余情,三面云山供啸傲;薄书时得暇,一楼风月此登临"。在楼的最下层有一短联,云:"登楼便欲凌云志;临水应知得月先。"多景楼中最长的一幅主联是:"形胜拓南徐,对秣陵树色,瓜步江光,何处平分吴楚;画阁开北固,有米老庵存,卫公塔在,依然映带金焦。"

如今的多景楼移到了北固山的西崖,像历史上的多次迁移一样,每一次移动的过程,都是多景楼重新装饰的过程。现在的多景楼看上去更加美艳夺目,悬壁临江的意味更浓,在楼上赏景,不仅多景的特点不变,看景的视角亦佳。借用李白的"月下飞天镜,云生结海楼"诗句来表达,也似乎并不过分。

图 2-35　多景楼

石帆楼遗址。石帆楼遗址位于甘露寺大殿的右侧,建在铁柱峰的山巅之上,它的前身叫"木末楼",明末改建为石帆楼,铁柱峰上有一览亭和清光绪年间移来的万孔玲珑大太湖石等。来北固山的游人多喜欢在这里登高望远,欣赏大自然的鬼斧神工。楼中望去,江上的风帆历历在目,弯曲的港湾清晰可辨,远处的瓜州笼罩在烟树之中,多了一点朦胧的色彩。可以说,铁柱峰的气势增添了石帆楼不少的魅力。铁柱峰又称"石帆峰",旧志书上说,此峰高数丈,"遥望与风帆相乱,故名"。

清晖阁。在"天下第一江山"石刻的右边,是北固山上的清晖阁,又名"清晖楼"。据说是取南朝时著名文人谢灵运的诗句"山水含清晖"的意思。清代清晖阁中有一副长联颇有名气,此联出自镇江著名的题联高手赵曾望之手。联云:"为孙刘三分遗迹,轻将北府招来,人事几回,石亭铁塔皆称古;爱萧梁六字嘉名,仍把南朝送去,我闻一笑,飞涛骇浪尚惊人。"

赵曾望,字绍庭,是清代镇江一个学识渊博、才气横溢的学者。他出生在一个富裕书香之家,"家雄于资,世守旧泽,牙签插架常满",年轻时博览群书,读过大量的书籍。后入仕途,"备官纶阁,三入都门",但终因其性情耿直,不习官场,在北京任内阁中书几年后辞职南归,埋头著述。清末时,镇江成立了一个叫海门吟社的文学社团,他是主要的发起人,并被推举为社长,其声望在当时镇江文坛无人不知。他不仅对经史有研究,亦擅长于楹联,最长的一副达 240 字之多,比起号称"古今第一长联"的昆明大观楼联还多出 60 个字,尤喜拟集句联,有《江南赵氏楹联丛话》传世。

甘露铁塔。甘露铁塔原为石塔,始建于唐朝敬宗宝历年间,是三任润州刺史、后来做到唐宰相的李德裕建造的。据说他造此塔的目的是为了"资穆皇之冥福",即为了纪念提拔重用自己的穆宗,后来李德裕武宗时进封卫国公,此塔叫成了"卫公塔"。

卫公塔在乾符年间被毁。到了北宋元丰元年(1078 年),甘露寺的僧人应夫在石塔的原基上建造了九层铁塔,形制极美。明万历十年(1582 年),铁塔被大风吹倒,只剩下最下面的三层。甘露寺僧性成和功琪两人又四方募集资金,改建成七层铁塔。鸦片战争中,英国侵略者郭士力盗塔未成,名之郭士力塔。

清光绪十二年(1886 年)七月初二下午,铁塔遭受了雷击,上面的四层被击落,只剩下了地下的三层。之后,由于自然损坏等原因,新中国成立后只剩下了基座和顶端的两层。

1960 年,文物部门对铁塔进行了修复,将原来落在地面上较完好的五、六层重新清洗后,叠加到基座上面去,再加上顶端的原来两层,共四层,这就是我们现在所看到的铁塔。现在的铁塔约 8 米高,塔基顶上的一、二层是宋代的原物,三、四层则为明代后铸的产物。铁塔的结构为平面八角形,每层有四门,而且层层上都铸有精致的佛像和飞天像,姿态生动,仿佛在喻示着一个个佛门故事。塔基须弥座上刻有云水纹、莲瓣双雀、游龙戏珠、佛像等图案,造型精美,生动逼真,确为艺术上的精品,充分显示了我国古代冶铁行业的高超水平,为北固山增添了庄严瑰丽的色彩。它是我国仅存的六座铁塔之一,也是江苏省境内唯一的一座铁塔。

清诗人鲍之钟也对铁塔的雄伟有感触,写过长诗《铁塔歌》,用"江干铁塔何巍峨,凌云亭处横岩阿。卫公创建自唐代,支擎日月凌沧波"的诗句来赞美它。

铁塔还有自己的镇塔之宝,那就是阿育王的舍利子和金棺、银椁等,都是最有价值的佛门宝物。1960 年 4 月考古工作者发现了一个地宫,地宫内放置一长方形大石函,上面盖有宋元丰元年(1078 年)四月八日《润州甘露寺重瘗舍利塔记》石刻一方。大石函内还放置一些唐代的石刻,其中最重要的有唐长庆四年《李德裕重瘗长干寺阿育王塔舍利记》和太和三年《李德裕重瘗上元县禅众寺舍利记》石刻两方。此外还有唐宋石刻七方,都是记载唐宋重瘗舍利的经过。

石函内发现用锦绣襆包着的小石函两个,银函、银盒两个,漆盒一个,还有许多灵骨舍利和四百枚左右铜钱。东面一个小石函,内有银椁、金椁和小金棺,是瘗长干寺舍利的;西面一个小石函内,有银椁和金棺,是瘗禅众寺舍利的。唐代重瘗的舍利分藏在银椁金棺内;宋代重瘗的舍利分藏在银函、木函及琉璃瓶内。舍利之外,还有灵骨、银牌、银制人像、小玉器、铜币等共百余件。

这次发掘出土的遗物,包括石、玉、骨、金、银、铜、铁、陶、瓷、琉璃、木、漆、纸、丝 14 类,共计 2576 件,其中多系唐末佛教艺术珍贵文物,而最重要的是从上元县(在今南京市南郊)古长干寺移来的释迦佛舍利 11 粒。《李德裕重瘗长干寺阿育王塔舍利记》云:上元县长工寺阿育王塔舍利 21 粒。缘寺久荒废,以长庆甲辰岁(824 年)十一月甲子,移置建初寺,分 11 粒置北固山,依长干旧制造石塔,永护城镇,与此山俱。2008 年 7 月,南京市发掘大报恩寺遗址过程中,发现了"金陵长干寺真身塔藏舍利石函记"和 10 粒佛祖真身舍利,与镇江甘露寺石刻内容互相印证,证实了李德裕移 11 粒舍利到镇江的史实。李德裕于瘗藏长干寺舍利后的五年,又在上元县禅众寺旧塔下获得一个舍利石函,又把它重瘗于甘露寺。《李德裕重瘗禅众寺舍利题记》云:"有唐大和三年(829 年)己酉岁正月二十四日乙巳,于上元县禅众寺旧塔基下,获舍利石函,以其年二月十五日乙丑,重瘗藏于丹徒县甘露寺东塔下,金棺一,银椁一,锦绣襆九重,皆余之施也。"

长干寺舍利在东函,禅众寺舍利在西函。这个舍利石函盖又有几行题记说:有唐大和三年正月二十四日,于上元县禅众寺旧塔基下,获舍利一函;以其年二月十五日,重瘗藏于甘露寺东塔下。浙江西道观察使、银青光禄大夫、捡校礼部尚书兼御史大夫李德裕,奉施金棺一、银椁一、锦绣补九重,并手自题记。

到了宋代元丰元年原甘露寺石塔舍利又再度重瘗,时该寺住持应夫把藏纳着长干寺舍利和禅众寺舍利两小石函同纳入一个大石函中,大石函盖阴有一个题记,记载铁塔的兴建年代。文云:唐大和己酉年(829年),卫公(李德裕)得上元县长干寺阿育王塔舍利11粒,并禅众寺旧塔基下舍利,仍古石函,用金棺二、银椁二,重瘗藏于甘露寺之东塔。至宋熙宁己酉岁(1069年),凡240年,因治地复得之。元丰元年(1078年)四月初八日,住持传法沙门应夫募缘,就旧基建铁塔一座,谨重纳于地宫内,并卫公手记大小三片附焉。丹徒苏鸿题。

在甘露寺铁塔地宫发现唐宋两代所藏的舍利,据镇江市博物馆报告,共有773粒:即唐代瘗下的计两处,长干寺舍利小金棺内11粒和禅众寺舍利金棺内156粒,都是透明或半透明的颗粒,无色的或白色的多,细如芥子;宋代瘗下的计三处,银函内57粒附在一大块化石状物之上,银圆盒内170粒,另有7粒作矿石状,绿如孔雀石,木函内372粒,均细如芥子。

这次甘露寺铁塔塔基下发现佛舍利,不仅是佛教的大事,从历史文物上来说也是很重要的。其中出土的唐代的9块石刻和宋代的2块石刻,大大丰富了江南佛教的金石资料。石刻是当时的原始资料,内容准确,可信度高,补充了某些佛教史传文献中的缺漏,还纠正了历代文献记载的一些错误。

图 2-36　甘露寺铁塔

甘露长廊。甘露长廊的建筑颇有风格,随龙埂的起伏而跳跃,随山势的走向而逶迤,如同依附在巨龙身上的鳞甲,点缀于北固山的中峰和后峰上,成为连接两峰之间的纽带。长廊又是令人心动的,强劲的山风穿廊而过,会让人感到历史的悲壮,当年这里可是青州兵浴血奋战之地;而江南的细雨穿廊而过,又让人感到历史的缠绵,当年这里可是谈婚论嫁、刘备招亲的地方。虽然数千年的风雨早已涤荡了长廊的一切,但廊中仍有一些碑刻遗文顽强地生存了下来。它们或载以文献,或现身实物,向世人述说着长廊的前世今生。

甘露长廊,也是贯穿后峰的一道艺术连线,它以独特的风采,展示了高超的书法艺术和诗词文赋。不知道长廊历史的人,都喜欢把长廊和三国刘备招亲的故事联系起来,说长廊是孙权暗藏刀斧手的地方。实际上长廊并没有那么多杀气,它从诞生日起,就是文人和书法家展示才华的地方。清代诗人谈安凯在《读甘露寺碑记》里讲述了长廊所蕴含的文化现象。他说:"山寺残碑卧曲廊,我来拂拭认前唐。历观古寺苔文瘦,行到高峰松影凉。六代风流随逝水,千年陈迹胜斜阳。只余宝晋书声满,尚间疏钟彻上方。"

根据《北固山志》的记载:"长廊在甘露寺天王殿后,直行向后峰的东部顶端延伸,随山侧上计二十一间。西后墙嵌碑,前短墙作拦,后峰治地分三层各通行路。"长廊的每一间均有各自不同的作品展示,充满了各种载体的文化内涵,如:第4间、第5间,分别是镇江郡守、镇海将军撰写并刻石的重修内外城和府城墙的记文;第7间、第8间、第13间、第15间、第16间、第17间分别是来山的宦游官员和外地诗人的诗作石刻;第9间、第11间、第12间、第19间镶嵌着"甘露流芳"、"天下第一江山"、"与物造游"、"宏开鹫岭"字样的石碑;第10间是文人撰写的考证跋文。

过去,从长廊向前还可以走到北固山的北轩。北轩不仅景点美,而且文气厚,对游人来说是一个值得停留的地方。在这里推窗观色,视野极为开阔,正如轩中联云:"六朝山色收杯底,千里潮声到枕边。"水连天际处,山在城中央,一个山水城市的大然美色让人目不暇接。唐代诗人杜牧游此地时动情地说:"曾向蓬莱宫里行,北轩栏槛最留情。孤高堪弄桓伊笛,缥缈宜闻子晋笙。天接海门秋水色,烟笼隋苑暮中声。他年会著荷衣去,不向山僧道姓名。"

凌云亭。凌云亭是一座石柱方亭,位于北固山后峰的最高点,上接蓝天,因而得名。相传凌云亭建在原来的北固亭旧址之上,故有人把凌云亭叫作"北固亭"。目前有文字记载的凌云亭,最早是建于明万历年间的。毁后,到崇祯年间又复建,改用了方亭木结构的形式。清代道光年间,一个叫戴善之的人把亭里的木柱换成石柱,并在石柱上刻了楹联。前云:"客心洗流水,荡胸生层云。"后云:"此身不觉出飞鸟,垂手还堪钓巨鳌。"前联是一副集句联,上联"客心洗流水"取诗人李白的《听蜀僧濬弹琴》:"蜀僧抱绿绮,西下峨眉峰。为我一挥手,如听万壑松。客心洗流水,余响入霜钟。不觉碧山暮,秋云暗几重。"下联"荡胸生层云"取诗人杜甫的《望岳》诗:"岱宗夫如何,齐鲁青未了。造化钟神秀,阴阳割昏晓。荡胸生层云,决眦入归鸟。会当凌绝顶,一览众山小。""南海圣人"康有为也登过凌云亭,当他看见"峰峦隐隐出烟雾,山光水色相吞吐"的景色时,激动不已,亲笔题名"天下第一江亭",这样,凌云亭又多了一个有气魄的称谓。

镇江市烈士陵园。镇江烈士陵园坐落在北固山前峰。北固山下是当时国民党反动派杀害共产党人的刑场,同时,这里也是 1937 年镇江沦陷的见证地。为弘扬先烈献身精神,教育广大群众,1966 年春,市委、市政府在北固山前峰建烈士陵园,现占地面积近百亩。主要景观有:

北固英烈群雕。该群雕于 2001 年 6 月建成,由 6 尊人像组成,以李超时等烈士为原型。群雕高 4.5 米,宽 3.6 米,重约 50 吨,采用优质樱花红花岗岩雕凿而成。

忠烈祠碑 忠烈亭。1842 年镇江军民抗英保卫战,是第一次鸦片战争的重要一役。1845 年,清镇江知府崔光笏暨邑人于西门内建忠烈祠并立碑,后因兵燹,祠碑俱毁。2002 年 7 月,在旧址按原状重建忠烈祠碑,并新建忠烈亭。

警世碑。从 1840 年至 1949 年的 109 年中,中国人民屡遭外侮,古城镇江曾两次遭受外敌入侵,两度蒙难。1842 年 7 月 21 日,英国侵略军攻陷镇江;1937 年 12 月 8 日,侵华日军攻陷镇江。为教育人民毋忘国耻,特在当年抗击英国侵略军的北固山古战场旧址立碑警世,警世碑于 1998 年 7 月 21 日奠基,同年 12 月 8 日建成揭碑。警世碑由中心碑体和四片墙体组成,耸立于圆形花岗岩广场。残缺的墙体寓意国破家亡,墙体正面刻有"1842"、"1937"两个镇江人民蒙难的年号;中心碑体似残垣一方,正面镌刻的"居安思危"、"警钟长鸣";背面的碑文,记载了镇江人民被侵略、被屠杀、被奴役的屈辱历史和奋起抗击侵略者的光辉业绩;残缺墙体中裸露出的刚劲有力的柱骨架,象征着中国人民永远不向侵略者屈服的顽强精神。

浮雕墙。坐落在纪念碑两侧的大型浮雕墙,于 1999 年 3 月 27 日建成,总长 52 米,高 3.6 米,成八字形,展现了从 1840 年以来百年间无数革命先烈在中国革命历程的不同时期英勇奋斗、前赴后继的动人形象,表现了他们的崇高精神。

烈士陵墓。这里长眠着为民族独立、人民解放和社会主义事业而英勇献身的革命烈士。1966 年 8 月,根据市委、市政府决定,将这些烈士从我市南郊、九华山、北固山、宝盖山、桃花坞等地迁至市烈士陵园内集中安葬。

镇江烈士纪念馆。镇江烈士纪念馆建筑面积 3200 平方米,整个展馆共展出"鸦片战争"、"辛亥革命"、"大革命"、"土地革命"、"抗日战争"、"解放战争"、"社会主义"7 个时期 238 名烈士的事迹和遗物。

革命烈士纪念碑。革命烈士纪念碑是烈士陵园内的主要建筑,原纪念碑建于 1966 年 12 月 14 日,1993 年 4 月 5 日新纪念碑重建落成。新碑由花岗岩砌就而成,碑高 30 米。碑体由三片组成,似三把利剑直刺苍穹,象征着革命烈士义薄云天的革命精神。碑体正面镌刻的"革命烈士永垂不朽"由张爱萍将军亲笔题写。

北固英烈殉难地。北固山被革命前辈称为"镇江的雨花台"。1927 年,以蒋介石为首的国民党反动集团在上海策划了"四·一二"反革命政变,大肆捕杀共产党人和革命志士。国民党当局于 1930 年 11 月在省会镇江建立了江苏省临时军法会审处,对从全省各地被捕来的数百名优秀共产党人和革命志士进行非法刑讯和残酷迫害,约有 300 多人被杀害于北固山麓。为了褒扬先烈,教育人民群众特别是广大青少年,于 2008 年 5 月 8 日建成了北固英烈殉难地及李超时烈士铜像。

"北固壮歌"烈士诗文碑墙。"北固壮歌"烈士诗文碑墙位于纪念碑北侧石坝墙,花岗岩制作,墙体长44米,高6.4米,主体为革命烈士浮雕,两旁展示了不同历史时期革命烈士的豪言壮语17篇。碑墙上翱翔的白鸽和灼热的阳光,象征着烈士们崇高的人生追求和与日同辉的不朽精神。代表镇江地理特征的"江水",烘托了烈士们的伟大胸怀,整个碑墙将画面、文字、块石与北固山紧紧融合在一起,具有鲜明的立体感。"北固壮歌"烈士诗文碑墙于2010年4月2日建成。

第五节　西津古渡洞中寺

西津渡历史文化街区位于镇江市区西部云台山麓,随云台山沿江栈道兴建而成。它的主体由两部分组成:一是西津渡古街,也称义渡码头街,它从大西路坡道到待渡亭向北下20余级台阶至苏北路,长约300多米;二是小码头街,从待渡亭向西北至苏北路,全长500多米。西津渡街因有千年古渡西津渡而成街,也因渡名而得名。西津渡古称西渚,因为渡口在蒜山(今云台山)北麓,三国至唐代称蒜山渡。"蒜山无峰岭,北悬临江中",蒜山渡是著名的江南古渡。唐代,因为江宁隶属润州,所以润州当时也别称金陵,蒜山渡也名金陵渡。唐天宝元年(742年),润州改为丹阳郡,西津渡也被称为丹阳古渡。晚唐时,北固山下建有甘露渡,因为西津渡在甘露渡之西,也在镇江古城之西,故称西津渡。隋以前,西津渡与扬州邗江的古扬子津相对渡。唐大历以后,长江河道南移,瓜洲与扬子津被泥沙淤塞相连,西津渡便与瓜洲渡相对渡。西津渡依蒜山而立,据大江南北之冲,航路四达,防江控海,素有"吴楚要津"、"南北通衢"、"长江锁钥"、"漕运咽喉"之称。考古资料表明,早在5000多年前的新石器时代,这里便有人类居住活动。直至2003年,西津渡口的铁路拆除,西津渡的渡口功能才完全丧失,成为真正意义上的文化遗产。西津渡历史街区现存建筑多为清末民初所建,故有千年古渡、百年商埠之称。

自 20 世纪 90 年代中晚期开始,建设和文化部门对西津渡及周边区域进行保护性修缮。现在的西津渡历史街区除包括以上街道外,还包括东西两个区域。东部从长江路到迎江路以及大西路到进入西津渡的部分,即原来的前进印刷厂和居民区;西部从长江路到和平路,即原来的市第二人民医院和超岸寺一带。按照规划,应包括伯先路历史街区。

古代的长江天堑,流急浪险,渡江十分艰难。但西津渡与瓜洲古渡之间,有金山屹立其间,一岛中立,使宽阔的江面中间有了一个"跳板",有了一个天然避风之处。因此,西津渡—金山—瓜洲,成为长江下游渡江的最佳航线。隋代京杭大运河全线贯通后,漕路移于京口,为了方便旅客渡江,渡口逐步增加了待渡、住宿、救助、祈愿等设施,西津古渡成为长江下游、大江南北交通的重要通道,举凡帝王将相,商旅过客,应试游幕者南来北往,无不在西津渡过江。西津古渡也是历史上的江防要地,在南北战争中,西津渡是兵家必争之地。

西津渡江阔浪险,过江旅客为了祈求神灵保佑平安渡江,从唐代开始,先后在这里建有众多寺观教堂、梵宇琳宫。据文字记载,西津渡曾建有佛寺 16 座,道观 11 座,基督教堂 3 座。观音洞和紫阳洞是其中最有特点、最有影响的佛道寺观。

西津渡历史街区,历经千年沧桑巨变,历史文物、历史风貌、历史建筑、历史街区以及民情风俗能够完整地保存下来,实属罕见。古街是镇江文物古迹保存最多、最集中、最完好的地区,是历史文化名城镇江的"根"和"文脉"所在,也是我国历史最久、规模最大、保存最好的古渡历史文化街区,故有"镇江西津渡,天下第一渡"之美誉。西津渡历史街区延续至今,保存至善、秀丽至美的是它的历史、它的文化、它的自然风光。有鉴于此,美籍华人韩素音来此曾赞叹地说:"漫步在这条古朴典雅的古街道上,仿佛是在一座天然历史博物馆内漫步,这里才是镇江旅游的真正金矿!"名城保护和古建筑专家罗哲文先生赞誉西津渡是"绝无仅有的古渡遗存"、"中国古渡博物馆"。古渡之博,博在何处?博在街区因渡而生,博在历史传承久远,博在文化积淀深厚,博在风貌保存完整,博在山水人文交融,博在文化辐射宽广。街区因渡而生,多元汇聚,主题突出,特色鲜明,构成了以平安和谐为核心价值的津渡文化、救生文化、宗教文化、建筑文化、西洋文化、军事文化、民国文化、商贾文化、民俗文化。

在这条承载着1300多年历史的"文化古街"上,流传下来的文物古迹、传统民居星罗棋布,宛若时光隧道,正所谓"一眼看千年"。

图 2 - 37　西津渡街(1)

图 2 - 38　西津渡街(2)

位于该街区范围内的重要文物古迹有：

昭关石塔。这是我国年代最久、保存最完整的喇嘛式过街石塔，现为全国重点文物保护单位。它始建于元代，塔高 5 米，分塔座、塔身、塔颈、十三天、塔顶五部分，全用青石分段雕成，由四根石方柱架石枋成梁架结构的台座，依石柱的南北两面以石块逐层砌筑石壁，紧贴在路北救生会和路南观音洞房屋之间，南北宽 3.2 米，东西长 3.8 米。塔座两层，以"亚"字形叠涩法凿成，塔座上置一复莲座，塔身扁圆，成瓶状；再向上为亚字塔颈，又有一复莲座；再上面为十三天和仰莲瓣座，仰莲瓣座上有法轮，法轮背刻有八宝纹饰，塔顶呈瓶状。石塔塔基的东西两面都刻有"昭关"两字，"昭关"两字渊源于古代，这里处临江险扼要地，为守卫之关口，故称昭关石塔。石塔塔基下方两面条石的外侧，有刻文，右刻镇江知府、同知、通判、推官、经历等官称和人名，左刻丹徒知县、县丞、主簿、典吏等官称和人名，并有"万历年十年壬午(1582 年)十月吉重修"字样。穿过昭关石塔就可达西津古渡，是千百年来渡江的南北通道，舟楫往来，渡客众多，为祈求渡江平安，人们常礼拜神灵保佑，据说从石塔下经过，就意味着礼佛进香，能保佑人们在风平浪静里渡过长江天堑。

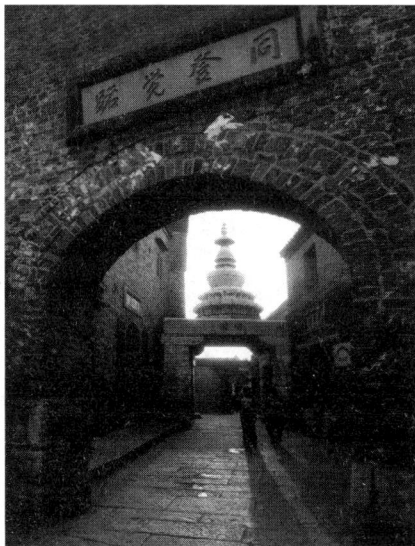

图 2-39　昭关石塔

观音洞。观音洞位于西津渡救生会对面,是一座依山而建的三层楼古建筑,由天然岩洞扩凿而成。早在宋时就建观宇,后屡兴废。现为清咸丰九年(1859 年)重建。同治元年立"重修观音洞记"碑石,书大字"观音洞"石额一块,上款"咸丰九年三月重建",下款"众姓敬立"、"同治元年立"、"水营赖邦重修,值事吴德锦"。观音洞是渡客礼拜祈求平安的地方。现内设"观音文化展示馆"。

观音洞的洞门外有一个三层的铜鼎,洞口上方有一块石额,上面刻有清代陈任旸所书的三个隶书大字"观音洞",东侧有著名书法家许宝驯所书的"普陀岩"石额,石额两侧挂有中国佛教协会已故副会长茗山法师写的楹联:"兴无缘慈,随类化身,紫竹林中观自在;运同体悲,寻声救苦,普陀岩上见如来。"进入洞内,便见到巨石高耸的山岩上有一天然岩洞,洞之上有一方咸丰九年(1859 年)众姓共立的写有"观音洞"大字的石额。

洞口供奉着一尊脚踏鳌鱼、左手持净瓶、右手上扬、神态慈祥端严的白石观音大士像。观音洞又名普陀岩,清光绪《丹徒县志》记载:"普陀寺在西津坊大码头,唐时建。"宋代延祐年间,镇江人钟仁卿于普陀岩建寺。明代成化年间,其后裔孙钟溥重修,胡佑为之作记。清代钟允升同僧人海潮重葺。整座佛寺都建于洞中,每逢香期,镇江人为了赶到西津渡烧头炷香,常常倾城而出,万人空巷,清末的评话小说《施公案》中就有记载,书中第三百四十三回故事说的是丹徒文士卫生与闺秀张珊珊相识相恋后产生的一段冤案,书中对观音洞盛况写得颇为生动:"这日,正当二月十九,相传是观音神诞,镇江西门外有个观音洞,每年到了这个日期,四方善男信女皆往烧香。珊珊与嫂嫂李氏也同往观音洞拜佛,烧香已毕,回来路上巧遇卫生。珊珊一见卫生丰姿绝色,不觉秋波一顾,意甚恋恋。"这个情节与《西厢记》中张生与莺莺初识、《玉不解》中蜀国公主托辞烧香去神庙暗晤情郎,真可谓有异曲同工之妙。

救生会旧址。救生会旧址位于观音洞对面,正门上题有"救生会"石额,于清光绪二十一年(1895 年)立石。清康熙四十二年(1703 年),蒋元鼐等 15 人捐白金在西津渡观音阁成立"京口救生会"。康熙四十七年(1708 年),救生会购得西津渡昭关晏公庙旧址,建屋三间作为会址,即现址。救生会,顾名思义,即济渡救生的意思,是带有慈善性质的水上安全救助机构。该会成立后开展救助活动长达200年之久,这在我国水上救生史上以及古代民间慈善事业中均堪称奇迹。京口救生会比世界创设最早的美国马萨诸塞州救生组织提前84年,较英国皇家救生会要早出188年,是世界上最早的救生组织。2011年12月公布为江苏省文物保护单位。现内设"中国镇江救生文化展示馆"。

图2-40　救生会

砖砌券门。砖砌券门共有四门,各有门楣石刻一方,在一、二道券门上刻有"同登觉路"、"共渡慈航",这是佛家用语,用以祝福渡江人;三、四道券门上刻有"层峦耸翠"、"飞阁流丹",此两句出自唐代诗人王勃的《滕王阁序》。

待渡亭。现在大家看到的半亭即待渡亭,这是古人迎来送往或者小憩避雨等待摆渡的场所,同时也是救生红船、义渡船的专用码头。该亭于同治七年(1868年)重建,1999年进行了修缮,同时在亭内新建石碑,碑上刻有清代周镐《二十四景图》的西津渡之景。

铁柱宫与江西会馆。铁柱宫与江西会馆位于西津渡观音洞西侧,有一壁立数丈的悬崖,悬崖之下原有一片平房,2001年对这些房屋进行了改造,并在原址修建了这座建筑。在西津渡小山楼工地考古出土了两方与铁柱宫有关的石碑,即清康熙二十年的《重修铁柱宫记》与清嘉庆《润州重修铁柱宫碑记》,两碑虽残,但从中透露了有关江西会馆的信息。

铁柱宫的建造者是江西洪都(南昌)的"客润诸君子",包括"服贾者(商人)、仕宦(官员)、游寓往来者"等道教信徒。据碑文介绍,铁柱宫在康熙年间已属重修,所以志载"明代兴建"应是可信的。后于乾隆三十五年(1770年)又加以修缮,嘉庆元年(1796年)再"扩旧基"增修,至嘉庆十五年竣工。

另外在清代著名画家周镐的二十四景图之一《江上救生》中载有江西会馆的风貌真容。江西商人之所以在西津渡建江西会馆,并修建铁柱宫,是希望铁柱宫的铁柱能够锁住江上蛟龙,保佑他们的木排及货物平安抵达四面八方,生意兴隆,财源达三江。江西会馆的建立,不仅可供同乡聚会、住宿,堆放杂物,办理乡友间的互助,而且可以互通信息,对贸易也大有裨益。江西会馆显示了当时西津渡历史街区的贸易兴旺、市面繁荣。

紫阳洞。西津渡另一座洞中寺是观音洞西侧的紫阳洞。据元《至顺镇江志》、清《光绪丹徒县志》及《续丹徒县志》记载,古街上曾有清宁道院、三元宫、关帝殿等道观,其中供奉张紫阳真人的紫阳洞颇负盛名。明代《正德丹徒县志》记载:"紫阳洞,在西津渡银山,岁庚启(1520年)闰八月十八日,皇上尝幸。"文中所称"皇上",即正德皇帝朱厚照,他也是明代痴迷道教的君主之一。此后,仅时隔20余年,嘉靖年间,日本国有一位禅学高僧名叫策彦周良,他曾两次率日本国使团访华,多次途经镇江,流连于名城的山水之间。在他回国后出版的日记体《入明记》一书中,即记有当时目睹紫阳洞的情景:"归路,山侧有石洞,洞口揭'紫阳洞'三大字,洞里按紫阳君像,像前有香灯之设。"

紫阳洞内供奉的"紫阳君",即北宋年间的张伯瑞(987—1082),字平叔,号紫阳,天台人,为宋代道教金丹派著名人物,专行内丹修炼,提倡三教合一,后人奉为"紫阳真人",尊为"南五祖"之首,其道派又称紫阳派。另据康熙《镇江府志》载:"银山其下紫阳洞,张紫阳真人居此。"而作为古代交通要冲的西津渡,张紫阳居此,向南来北往的旅者广泛宣传教义,这是完全可能的。紫阳洞毁于清代道(光)咸(丰)战火,之后逐渐湮没无闻。在明正德《丹徒县志》内的镇江地图上,在银山(今云台山)旁专门标有"紫阳洞"的地名,可见"紫阳洞"当年影响之大。

2003 年,考古人员发现了紫阳洞的遗迹,现在我们看到的景观是在 2007 年 3 月制作的。

金陵渡小山楼。金陵渡小山楼是一座仿古典园林式的庭院建筑,唐宋以来,从西津渡经过,到这儿留宿的达官显宦、骚人墨客难以数计,留下了许多遗作佳句,其中最著名的要算晚唐诗人张祜。令狐楚称赞他:"久在江湖,早工篇什,研几甚苦,搜索颇深,辈流所推,风格罕及。"杜牧赠给他的诗有云:"何人得似张公子,千首诗轻万户侯。"他生性爱山水,经常游览各地"往往题咏唱绝"。

一千年前,张祜夜宿西津古渡小山楼,登楼眺望长江,思绪万千,写下了七绝《题金陵津渡》:

> 金陵津渡小山楼,一宿行人自可愁,
>
> 潮落夜江斜月里,两三星火是瓜洲。

这里的金陵不是指南京,而是指润州。他以轻灵细腻的笔调,谐和低回的音韵,抒发羁愁旅意,展示了扬子江月色美景,清美之至,宁静之至。这是一首有名的唐诗,就诗中的意境和艺术感染力来说,较之唐张继的《枫桥夜泊》中"姑苏城外寒山寺,夜半钟声到客船"也毫不逊色。

当年的小山楼已不复存在,其具体位置也不可考。现在的小山楼是 2001 年重建,它建于银山半腰,紧贴青壁悬崖,为两层建筑。两侧各有亭廊相接,朴素简洁,其风格与沿街建筑相协调。登楼,则北见长江,西眺金山,也可见玉山、超岸寺,古街街景尽收眼底。

千年履痕(一眼望千年)。"一眼望千年"紧邻小山楼,屋内有一个玻璃柜,玻璃柜内陈列着一段阶梯路面,路面分成五层,每层的剖切面依稀可见。阶梯路面上放置了标牌,标注了每段路面的时期。考古工作者 2001 年在小山楼前的街道上发掘了一个考古深沟,东西长 4.40 米,南北宽 0.9 米,沟内土层堆积高 1.07 米,从上到下计分为六层:

第一层为现代道路基,厚约 30 厘米,兴建年代大约在百年之前的光绪年间,当时的原路面为中铺条石,两边铺以块石。

第二层路基为土路结构,其形成的年代当是清道(光)咸(丰)战乱时期。路面距现今地表深约 30 厘米,路基厚 20 厘米左右。

第三层为明代堆积层,路面上有明显的车辙印。路基用黄土、黄沙加石灰合成的三合土夯筑而成,部分地段填碎石子,内出少量明代瓷片。

第四层为宋元时期道路堆积层,路面距地表深约 75 厘米,路基厚 17 厘米,路面为土路,路基为黄灰色黏土,石灰加碎沙石夯筑而成。内含少量宋代瓷片及陶片。

第五层为唐代道路堆积层,路面距地表深约 92 厘米,路基厚 10 厘米左右。该时期的道路系在原始栈道路面基础上用黄沙土填平补齐而成,因经多年踩踏,形成多层薄层状的似"千层饼"的土路。而部分地段依然裸露出原始山体岩石,这些岩石已风化成粉末状。

第六层为原始栈道路面,系唐代以前所凿,距地表深约 102 厘米,该路面为在原始山体的岩石上开凿而成,因经多年踩踏,加之百年风雨侵蚀,表层已风化成粉末状砂石。

西长安里民居建筑群。该建筑群是由 40 多幢三合院组合而成的一座大宅院,整个院落没有高墙深院,以房屋连接组合成封闭格局。临小码头街通道巷口两屋之间,设有过街楼,楼上住人,楼下为通道,两侧房宇连成一体,借天不借地。整个建筑群分布有序,主次分明,似"一棵印"之建筑形态,其规模之大、建筑之秀,堪称镇江清末民初民居建筑中的典范。现为镇江市文物保护单位。

春顺园包子店旧址。春顺园包子店旧址建于民国初年,原为包子店铺。现存门面、厅堂结构完整,楼上设书场,富有特色。该建筑为此街道上较为有名的店铺。现为镇江市文物保护单位。

西津渡救生码头(小码头)遗址。西津渡救生码头遗址位于西津渡历史文化街区北侧,现长江路南。2008 年 1 月至 6 月,经镇江市文物部门考古挖掘发现:码头可分为两个部分,北部为救生码头遗址,南部为道路及待渡亭遗址。西津渡救生码头,俗称小码头,遗址被深埋在地下 2～6 米。随着江淤上涨,下部石踏步亦逐渐被湮没,码头后期渐向上部发展,又增筑左、右护坡,并在其南侧新建待渡亭。在 1900 年前后,江岸又一次北移,码头最终被淤泥填成陆地。救生码头为京口救生会修建,始筑于康熙年间,为救生红船专设的停泊码头。

小码头遗址考古出土了大量生活用瓷及铜、铁器物,展现了清代救生会、义渡局时期的人文活动,显示出富于地域特色的码头文化,揭示了古代镇江民间慈善事业的原真的历史,是镇江乃至全国救生事业的实物证据,具有以港兴市的镇江城市特色,也具有很高的历史、科学、艺术价值及纪念意义。

蒜山游园。蒜山游园既是一座江南仿古园林,又是一座充分体现现代人文理念的旅游胜地,它以开放式的布局面向长江路,景观布局匠心独具。游园沿长江路设置了健身广场,修建了以古典符号为代表的传统景区:园林花木、亭榭廊坊和马头墙等,其中日本高僧雪舟画金山图砖雕、翠叠蒜亭、月晓来烟、曲径通幽、闻妙香居等景观如一幅典雅的水墨画,让人恍惚置身于诗情画意之中。

京江秋女。在蒜山游园中的一泓湖水旁,有一尊"京江秋女"塑像亭亭玉立,楚楚动人。《唐诗三百首》最后一首诗为《金缕衣》:"劝君莫惜金缕衣,劝君惜取少年时。花开须折直须折,莫待无花空折枝。"诗的作者相传是唐宪宗宠妾、润州才女杜秋娘。杜牧用长诗《杜秋娘》来赞她美貌:"京江水清滑,生女白如脂。其间杜秋者,不劳朱粉施。"这尊白石雕塑再现了以年轻时期的杜秋娘为原型的京江女子美貌多艺的纯真形象。在杜秋娘塑像南侧建有一座四方亭,名"京江亭",亭的北面有一副楹联,是镇江人刘承所作,"唐室无辜遗才女,京江千载念斯人",表达了镇江人民对杜秋娘的怀念。

西津广场。西津广场采用青石铺装,广场四周被花径和各种花卉所包围。入口处桂花园内的景色颇为引人注目:垂丝海棠、茶花、紫薇、红枫等点缀于广场周围草地上的灌木中,更增添了无穷的瑰丽与灵秀;银杏、香樟、黑松、龙朴槐等疏密有致,满目苍翠,进一步突出了历史遗产在历史风霜中自然演替的绿色底蕴,使沧桑的津渡文化交织于春意盎然的绿色植物之中,而矗立在广场中间书有"西津渡"三个红色大字的石碑则起到了画龙点睛的作用,几组铜质雕塑更增添了古街的内涵和形象感。

亚细亚火油公司旧址。亚细亚火油公司旧址位于长江路,现为镇江市民间文化艺术馆馆舍,为两层西式建筑,高近 10 米,占地 400 多平方米。进入大门,有券门两道,左有小门,通向地下室贮油库。当时英国人将火油从上海中转到镇江,然后销往大江南北各城市。该旧址于 1982 年由市政府公布为市级文物保护单位。

税务司公馆旧址。税务司公馆旧址与亚细亚火油公司旧址相邻,两层西式楼房。税务司是管理关税的机关。1858 年,镇江被辟为通商口岸,1865 年设镇江关署,清政府按《通商约章》规定,任命英国人赫德为中国海关总税务司,由其遴派洋员帮办收税,称镇江关税务司。东自南通狼山,西到南京江面轮船归其稽查,中国产品出口或外国货物入关除交纳 50％的税外,再交 2.5％的子口税。美、英商人以镇江关署为立足点,向沿江和内地销售外国货物。1912 年,南京临时政府成立,镇江关由中国自己管理。该旧址于 1982 年由市政府公布为市级文物保护单位。

英工部局(巡捕房)旧址。英工部局旧址与税务司公馆旧址相邻,为三层西式楼房,砖木结构,呈长方"凹"字形,长 22 米,宽 11 米,占地约 255.2 平方米,光绪十六年(1890 年)建。它是英租界内设的行政机构,叫镇江工部局。镇江工部局设警务、火政、工务、卫生、教育、财务、华文等处,统辖租界内一切行政、司法、交通大权,负责管理租界区域内的税收、治安、建筑、消防及公共设施等。

该建筑隔层用红砖砌成两道腰檐,朝南立面为二、三层,有券廊,底层为墙面,上置八个拱券窗,第二层隔间砖廊柱顶部用红砖雕刻立体团花纹饰,第三层隔间墙上有四个红砖雕花圆形倚柱。东西北三面有窗无廊,朝北立面的东、西两侧各附设两层小楼,各为上下四间,用于生活服务;在东、西立面墙北端,各砌筑突出的方形三层小楼,小楼东、南、北与南、西、北三面皆有窗,为岗哨瞭望台。2009 年,按原样进行了修缮。该建筑与镇江英领事馆旧址合为一体,被公布为全国重点文物保护单位。

德士古火油公司旧址。德士古火油公司旧址原位于长江路原太白粉厂大门内,建于 1866 年,砖木结构,西式两层楼房,坐西朝东,西阔三间 14.5 米,进深 8 米多,楼高约 9 米。此处亦是亚细亚火油公司下行。因长江路拓宽现移建于街区内,与税务公馆旧址相邻。该旧址于 1982 年由市政府公布为市级文物保护单位。

美孚火油公司旧址。美孚火油公司旧址位于迎江路 18 号,占地面积约为 1100 平方米,建筑面积 3300 平方米,三层楼,楼整体每层 8 间,合计 24 间。民国二十六年(1937 年),楼内部分因失火被毁,后按原貌恢复,总体建筑坚固、庄重。该旧址于 1982 年由市政府公布为市级文物保护单位。

太平天国新城城墙遗址。1853 年,太平天国军队占领镇江后,为了防御清军反攻,确保天京的安全,在市区西北沿江一带筑了一道新城。城墙从北固山边的十三门起,向西至大运河入江口,再沿大运河向南到老西门桥止,全长 3 公里多,这道新城在镇江太平军抗清战争中起到了积极作用。光绪末年,被清政府拆毁,但还有 40 余米残垣,位于长江路对面姚一湾小营盘一带。这段城墙为后人研究太平天国守卫镇江的战略以及筑城工艺,留下了宝贵的实物资料。现在是镇江市级文物保护单位。

海员宿舍旧址。海员宿舍旧址坐落于长江路小码头西侧、原第二人民医院院内。1858 年镇江辟为通商口岸后,镇江海关建了海关宿舍楼,国民政府时改为江苏省医院。该建筑为 14 开间两层楼,共计两幢,结构基本完整,绿色铁皮屋顶系原物,墙面遭破坏,2014 年进行了修缮,现为市政府公布的文物控制单位。

云台阁。云台阁位于云台山顶,是由阁、堂、亭组合而成的建筑群,主体部分由楼阁和前厅组成,左右两侧以曲廊连接聚明堂与二翁亭,整体风貌为仿宋元建筑,主体楼阁四层,总高 31.5 米,建筑面积近 1800 平方米。云台阁顶为天花藻井,用彩画技术绘出在西津渡元代石塔内发现的观音曼陀罗像,当中顶部绘有 8 个大像,周围绘有数十个小像,意在祈福平安。铸铜宝瓶顶刹以优质锡青铜铸造而成,重约 3 吨有余,净高 5.12 米,底座宽 2.05 米,建筑群从地面到宝顶顶端高 33.28 米,加上 67.8 米的云台山高度,从山底到宝顶顶端共计高度 100 余米。仰望云台阁,整个建筑群飞檐翘角,斗拱檐铃,雕梁画栋,金碧辉煌,浑然一体,形制雄伟。

在云台阁建筑群内,设有"镇江城市发展主题馆"。阁内正中,是云台阁微缩模型,左侧是《西津胜境图》掐丝珐琅画,后面是"宜侯矢簋"青铜复制品,北侧的照壁上,是祝瑞洪创作、宇文家林书写的《云台阁颂》。后厅两侧,有青铜铸造的"东吴铁瓮城"模型,"六朝京口城"瓷板画,"唐代东西夹城"金箔画。二楼设有"宋罗城"瓷板画,"明府城"紫铜浮雕,"清镇江城"楠木木雕,"民国省会镇江城"蒙古黑影雕。三楼大厅里设有一幅"云台胜景"油漆壁画。登上云台阁四处环望,"一水横陈,三面连岗","老街新城相互辉映","长江运河欢腾交汇"的景观尽入眼底,美不胜收。云台阁楹联也为这座壮丽雄伟的建筑留下了点睛之笔:

　　杰阁俯沧溟,观九万里鹍运鹏搏,四海云澜生眼底;

　　大江横古渡,听三千年龙吟虎啸,五湖风月入胸怀。(范然)

超岸寺。超岸寺位于小码头街西边的玉山,始建于元年大三年(1310年),旧名育玉山报恩寺,寺内原有观音殿、水府殿、观澜亭,旁有约鳌亭、藏经阁等佛教建筑。该寺于清初康熙年间改为"超岸寺",取佛家"超度众生同登彼岸"之意。兴盛年代与焦山定慧寺、金山江天寺齐名。当年誉为"佛学院",有许多国内外僧侣前来攻研佛经。它占地面积约3000多平方米。山门门墙有清同治年间状元陆润庠题刻的"大总持门"石刻。天王殿和大雄宝殿均是面阔五间,硬山式;藏经楼面阔五间,曾藏有明朝永乐年间刻制的《藏经》,偏殿为面阔十间,硬山式。清代咸丰年间,毁于战火。现寺于光绪、宣统年间重建。超岸寺曾为金山江天禅寺下院,亦为四方僧人路过镇江提供食宿方便,因此名声较大。1982年由市政府公布为市级文物保护单位。

玉山大码头遗址。玉山大码头遗址位于超岸寺西侧。根据史书记载,明江苏巡抚周忱曾在镇江西津渡"甃石堤三十余丈,深入江皋,以免病涉",这里的石堤即是指供人上下渡船的长堤式码头,也就是玉山大码头遗址所在。根据记载,石堤有三十余丈,其长度远远超过现有超岸寺的范围。因此考古工作者将主攻方向对准超岸寺西侧的大码头遗址。2008年年底,考古完成了遗址内3口探井的发掘,显露出石砌码头的局部面貌;2009年春,开始发掘,石砌码头原型显露。码头由长方形块石铺砌,宽约6米,已显露部分东西长约8米。码头前端略显扇形展开,西缘直逼和平路人行道一线。现考古发现的大码头部分遗址为清代缓坡石砌长堤式码头,保存完好,但它只是整体大码头遗址的冰山一角,其他部分可能沉睡在现超岸寺建筑群的地下。玉山大码头遗址的发现见证了西津渡的历史,具有重要价值。

漫步在西津渡历史文化街区之内,深邃的历史文化、精湛的历史建筑、靓丽的历史街区、优美的周边环境,绽放着夺目的风采,让人思绪万千,流连忘返。

图2-41　西津晚渡

现在,西津渡历史文化街区成为镇江文物保护的典范、国家名城镇江的窗口、旅游休闲的胜地、爱国主义教育的场所,得到了广大观赏者的好评,它也成为外地人来镇江参观首选、必到的景点,被建设部领导和名城保护专家赞誉为"西津模式",为我国历史文化街区保护工作提供了良好的示范作用,也受到了阮仪三先生的热情称赞。2011年,西津渡受到建设部和国家文物局组成的国家历史文化名城复查组的高度评价,2012年11月初得到名城暨文物保护专家谢辰生的好评,同时获得了许多奖项及荣誉,如昭关石塔、救生会、观音洞三项目修缮工程获2001年联合国教科文组织亚太地区文化遗产保护优秀奖,2007年西津渡保护更新工程获得"茅以升科学技术土木工程奖"，2008年成为中国救捞教育基地并获得"江苏省文化产业示范基地"称号，2009年获得"中国人居环境范例奖"及"江苏省现代服务业（文化产业）集聚区"称号，2011年被评为"国家4A级旅游景区"，2012年西津渡老码头文化园改造保护工程获得"茅以升科学技术奖土木工程奖"。

镇江博物馆。镇江博物馆是集地面文物和馆藏文物为一体的艺术殿堂，是镇江历史、科学、艺术、经济价值最高的宝地，是名城镇江最重要的窗口。

镇江博物馆的馆舍是原镇江英国领事馆旧址，它位于大西路和伯先路交口处的云台山下，占地11700平方米，是一组由五幢房子连成的建筑群。墙壁是红砖，全钩白色灯草缝，屋顶瓦楞铁皮，木材是花旗松。主楼是东印式的，为领事馆的办公楼。它坐北向南，依山建立在三个不同的台地上，西高东低。东立面二、三层券廊，每层五个拱券，顶端中央有白石横额，刻有"1890"字样。主楼建筑面积约460平方米，整体两层，局部三层。其他四幢是哥特式建筑，占地面积和楼层分别为255平方米、三层，160平方米、二层，150平方米、二层，351平方米、二层。

图2-42　博物馆

1842年后，长江沿岸有5个商埠，镇江列为其中。1865年镇江有了英租界，建了英国领事馆，山下沿江就是租界。光绪十五年（1889年）的正月初六，镇江一位姓康的小贩在租界内摆设小摊，被印度巡捕毒打致死，这一帝国主义侵略者为所欲为、欺凌百姓的事件，激起了镇江人民的公愤，数千名愤怒的群众自动汇集起来，将英国领事馆和各个教堂围得水泄不通，英国巡捕气急败坏地向群众开枪射击，愤怒的群众激于义愤，点火焚烧了英国领事馆和教

图 2-43　博物馆院落

堂 15 处,吓得英领事抱头鼠窜,逃上轮船,溜到了上海。英国领事馆被烧以后,清政府的镇江地方官员屈从帝国主义侵略者的压力,于 1890 年赔款,并在原址重新修建了新领事馆。1927 年北伐军兵临镇江,英国被迫交出租界。1933 年 10 月把领事馆的房地产卖给江苏省政府的民政厅长赵启騄,结束了英国在镇江享有的特权。英国领事馆旧址于 1996 年被列为全国重点文物保护单位。镇江英国领事馆旧址,既是清政府腐败无能、英帝国主义侵略中国的历史罪证,也是中国人民英勇反抗帝国主义侵略与压迫的历史见证。

镇江博物馆是一座综合的历史艺术博物馆,它建于 1958 年,1995 年建成 1780 平方米文物库房,馆舍面积达到 5456 平方米;2002 年 12 月 31 日到 2004 年年底,建成占地面积 5300 平方米、建筑面积 5158 平方米的新展厅。新展厅建成后,全馆的占地面积扩大到 20000 平方米,馆舍面积扩大到 10600 平方米。在新展厅建设的同时,对老馆区的五幢建筑按原英国领事馆的风貌进行了修缮,整个馆区按英国式园林风格进行了环境景观改造。大门口建的文化广场和"吴地雄风"雕塑,使镇江博物馆更具历史的沉重感。雕塑中心是一根圆形的具有西周至清代文化元素的钻探岩心石柱,柱的顶部是一尊能证明镇江三千年文明史的宜侯夨簋的石质仿制品,周围辅以两男两女的土著先民,它象征着镇江历史悠久,是吴文化的发祥地;象征着经济繁荣,民族和谐,勤劳勇敢。起舞的喷泉,象征着江南水乡的秀丽和灵气、源远流长的历史文化。"镇江博物馆"五个苍劲有力的大字为著名书法家谢稚柳先生题写。

镇江博物馆现藏有从新石器时代到近现代的文物3万多件,其中一级文物79件套(国宝一件),二级文物339件套,在全国地市级博物馆中具有明显的特色优势。吴文化青铜器占全国馆藏总量的85%;六朝青瓷器仅次南京;唐代金银器占全国总量的2/3,从六朝到明清,历代金银器成为系列;30多套南宋的丝绸服饰在全国无与伦比;近6000件明清字画令人羡慕,"京江画派"独具特色;清宫瓷器收藏颇丰(700多件)。这些珍宝,闪烁着中华民族的智慧和文明,展示着古城镇江历史发展的足迹。

图2-44 博物馆展厅一角

镇江博物馆现为江苏省优秀博物馆,江苏省委、镇江市委命名的爱国主义教育基地,江苏省政府、镇江市政府命名的中小学德育基地,省人事厅、文化厅命名的省先进集体,镇江市委、市政府命名的文明单位,镇江市人事局、镇江市文化局命名的先进集体,镇江市政府命名的旅游先进集体。

新加坡前第一副总理吴清瑞参观后说:"我清楚地记得在镇江看到一个很好的展览考古成果和文物的博物馆。"

第三章　三山文化的独特品格

一定区域的人们共同依据一定的自然环境,从事物质、精神和社会生产,形成了具有浓厚地域特色的文化因素,这些文化不断积累,构成了一定的文化体系。三山文化是镇江文化的精金粹玉,历史遗迹众多,文化资源丰富,文化、艺术和科学价值很高。三山文化在长期的历史积淀中形成了自己的独特品格。

第一节　民间传说　蜚声天下

镇江三山,雄踞于江河交汇处,砥柱万里洪流,气象万千,雄阔涵浑,民间传说很多,其奇幻色彩、壮美气韵、奥妙意象、迷人传闻,均蜚声天下。古代文学名著和《京口三山志》,记载了大量镇江三山的民间传说。

白娘子水漫金山

《白蛇传》是我国著名的四大民间故事之一,它起源久远,冯梦龙的《白娘子永镇雷峰塔》就记录了这一故事。它深得人民群众的喜爱,是我国民间文学中的一颗璀璨明珠。《白蛇传》故事源于上古图腾崇拜。镇江金山为《白蛇传》故事提供了最为理想的地理环境。"深山大宅起龙蛇",金山历来被视为神龙仙蛇出没之地,长期以来就有僧蛇斗法的传说,这里是"白蛇传"传说的重要发源地和口头传承的中心地带之一。

《白蛇传》故事说:修炼千年的白蛇,思凡下山,化身为白素贞,收青蛇为侍女。白娘子在游杭州西湖中,与药店伙计许仙相爱,结为夫妻,后移居镇江码头开设保和堂药店,施药救济穷苦百姓。法海忌妒,使"雄黄计",白娘子现形,"吓死"许仙,后白娘子到峨眉山盗仙草救活许仙。法海和尚又诓骗许仙还愿落发出家,引发白娘子、小青拜请四海龙王水漫金山……法海和尚心不死,用"金钵"收服白娘子并镇压于雷峰塔下。白娘子儿子许仕林长大成人,与小青共同劈倒雷峰塔,救出白娘子,合家团圆。法海和尚终因做尽坏事,罚躲蟹壳中,成了蟹和尚。

《白蛇传》故事,以丰富的想象力、大胆奇巧的艺术构思、生动曲折的传奇情节、深刻的思想内涵,塑造了白娘子、许仙、小青、法海等栩栩如生的人物形象,抒发了人民群众对正义的追求和渴望,对美好生活的向往;歌颂了白娘子的善良勇敢,揭露批判了法海的凶残和许仙的软弱。

现今流传的《白蛇传》故事基本情节的完成,是清代方成培改编的《雷峰塔传奇》,故事中最大的突破是增加了能表现白娘子性格的"水斗"、"盗仙草"等情节,这些重要情节的发展都与镇江有着密切关系。从此,有了"水漫金山寺"之说,既增加了故事的浪漫色彩,又表现了白娘子的人情味以及对爱情的忠贞不渝。

民间流传的《白娘子水漫金山》故事十分生动:

法海以花言巧语将许仙骗上金山,白娘子带着小青至金山寺门前再三请求放回许仙。法海不依,并大骂白娘子和小青是两条蛇精,气得白娘子求龙王师兄,调四海之水,水漫金山寺。霎时,只见四海的水汇聚到一起,一浪高似一浪,如同山呼海啸,向金山涌去……只见虾兵蟹将乘着白浪滔滔的江水围向金山寺,扁担大的潮虾一蹦一跳,撅起来总有丈把高;圆桌大的龟精鳖怪,尾巴一皱,头一伸,都碰到金山寺门边儿了;磨盘大的蚌壳上,站着手舞刀剑的标致美貌女子;一团团的螃蟹八只爪子,七手八脚,横着身子直往金山寺上爬;吓得金山寺里的小和尚直骂法海,无缘无故地拆散人家夫妻⋯⋯这个生动的故事,使我们领略到老百姓的聪明才智和大胆丰富的想象力。

我国许多戏剧大师和艺术家都曾演过《白蛇传》,"四大名旦"之首梅兰芳在《白蛇传》的《祭塔》中扮演了白娘子,张君秋、尚小云、杜近芳、赵燕侠、叶盛兰、关肃霜、李炳淑、华文漪、杨春霞、李胜素等都曾扮演过白素贞或许仙。我国各个剧种的艺术家,如豫剧常香玉、赵义庭,越剧袁雪芬、范瑞娟、关国华,扬剧金运贵、高秀英、筱荣贵等都曾创造了白娘子、小青、许仙等性格各异的角色,使《白蛇传》故事在戏剧舞台上历久不衰。我国各民族、各地区360多个戏曲剧种和300多个曲艺曲种,大都有《白蛇传》改编的传统剧目和曲目。《白蛇传》故事从1926年开始摄制为电影,至今已摄制30多部电影、电视剧。

《白蛇传》故事中多项民俗文化的形象描写,使故事更具有中国特色,如清明时节的游湖、五月端午观龙舟、喝雄黄酒等民俗活动,都在作品中巧妙地再现,成了故事的支柱,既推进了情节的发展,又使故事内涵加深,厚重感加强。

《白娘子水漫金山》故事里多次描绘镇江历史文化名城中的名胜古迹,如金山寺、白龙洞、法海洞、保和堂等,并将这些自然风景点巧妙地穿插进故事之中,衬托了故事的背景,增加了故事的观赏性、知识性。

《白蛇传》故事是具有国际影响的民间传说,早在19世纪就被介绍到海外。1834年法国就有书提到《雷峰塔传奇》,可见《白蛇传》传播之广。不仅《白蛇传》早就传播到国外,类似《白蛇传》的故事在许多国家也都有流传。根据有关资料查考,巴基斯坦的《美女蛇》、朝鲜的《蛇姑娘》、印度的《蛇变少女》、日本的《蛇妻》和《蛇别》等故事,也都和《白蛇传》故事内容相仿。由此可见,《白蛇传》故事是世界各国人民喜爱的民间故事,也是世界性文化遗产。

刘备招亲甘露寺

北固山蜚声海内外的传说是《甘露寺刘备招亲》的故事。这个故事，国内几乎家喻户晓，妇孺皆知，就连一些外国人也都知道北固山甘露寺是"一个中国的皇帝和一位将军的妹妹结婚的地方"。乾隆皇帝也默认了这一传闻，对北固山甘露寺有了新的认识，他曾为北固山古甘露寺大殿题联："地窄天宽江山雄楚越，沤浮浪卷栋宇自孙吴"，写出了北固山的雄秀气势，又点出了甘露寺的建筑年代。《甘露寺刘备招亲》这个故事影响如此之大，要归功于古典小说《三国演义》。

《三国演义》第五十四回"吴国太佛寺看新郎　刘皇叔洞房续佳偶"里生动地记述了这一故事：

汉建安十四年，火烧赤壁之后，刘备不肯将荆州归还东吴。周瑜向吴王孙权献计，以孙权妹妹孙尚香为饵，诱刘备来京口联姻招亲，趁机扣留，逼还荆州……不想此计被诸葛亮识破，便将计就计，派赵云带五百兵马保护刘备赴东吴招亲，并献三条锦囊妙计。赵云护着刘备来到了东吴的京口，他们依第一个锦囊妙计行使，假戏真做，先以厚礼拜望乔国老，请他当现成的媒人，然后派五百兵丁满城跑，大办喜庆礼品，并四处传话：孙刘联姻啦！刘皇叔来东吴招亲啦！乔国老跑去向吴国太道喜，弄得吴国太莫明其妙，便将孙权喊来责问。孙权只好告之周瑜用计，招亲是假，诓骗刘备来京口，逼交荆州是真。吴国太一听，大骂周瑜。事已如此，吴国太提出要当面相亲。不想，吴国太一看刘备两耳垂肩，双手过膝，一副贵人福相，当即拍板，招刘备为爱婿，将女儿孙尚香嫁给刘备为妻。刘备也来得乖巧，随即跪下状告孙权、周瑜酒席中欲谋害一事，吴国太大为恼火，害得东吴大将贾华丢了脑袋。刘备艳福不浅，娶了个文武双全的孙尚香。孙权不死心，咽不下这口气，一会儿和刘备赛马争高低，一会儿又和刘备劈石比高下……

刘备招亲以后，整天陪着夫人饮酒作诗，不提回荆州的事，急坏了赵云。赵云忙打开第二个锦囊妙计，报告刘备，荆州危急，曹操为报火烧赤壁之仇，已派兵攻打荆州了。刘备一听,慌了手脚,忙将此事告诉了孙夫人,夫妻俩一合计,决定以祭祖之名,立即返回荆州,并得到吴国太的同意。

吴王孙权得知刘备携妹妹孙尚香逃走的消息,大为恼火,立即派两位将军带着自己的佩剑,去取刘备和妹妹首级。赵云又打开第三个锦囊妙计,刘备向夫人求救,并将来京口招亲是吴王和周瑜所定"美人计",欲将他扣为人质,逼交荆州的事……原原本本讲了出来。孙夫人大怒,训斥吴王派来围杀刘备的大将,围兵无奈,只好让道放行。再等周瑜率领水军赶来,诸葛亮已派大将关公将刘备与孙夫人接走。周瑜弄假成真,"丢了夫人又折兵",这就成了历史上的一段千古笑谈。这段故事后来又编成《甘露寺》、《龙凤呈祥》等戏剧,在海内外的影响就更大了。

新中国成立初期,一批苏联的友人专门乘坐火车从北京来,提出要看镇江的北固山。为什么他们不看金山、焦山,非要看北固山呢?后来才知道这批苏联友人是在看过京剧《甘露寺》后,为了亲眼看"一个中国的皇帝和一位将军的妹妹结婚的地方"专程赶来的。直到今天,甘露寺的故事依然是趣味无穷,被人们津津乐道,在民间有很大的影响力。因为故事的中间有悲,有喜,有哀,有乐,有诙谐,有智慧,有奇志,有柔情,更有催人奋起的英雄气概和为江山添光增彩的壮志豪情,所以必将会一代一代地继续流传下去。

唐僧江流到金山

读过《西游记》的朋友如果再游金山寺一定会倍感亲切。因为在吴承恩撰写的《西游记》里,说唐僧玄奘幼年和少年时期几乎全都是在金山寺度过的,他在金山寺整整生活了18年。玄奘承蒙金山寺方丈抚育成人,并受指,寻生母,终复仇团聚,可以料想,吴承恩对金山是有着非同一般的感情的。

《西游记》故事的大意是:新科状元陈光蕊与殷丞相之女殷小姐结为夫妻。后来陈光蕊带着殷小姐去江州赴任,途中陈光蕊被船梢子刘洪杀害,抛入江中,并将殷小姐霸占为妻,充当陈光蕊到江州赴任。当时殷小姐已有身孕,为确保腹中之子的安全,只好违心随刘洪前往。殷小姐很快生下一子,她害怕儿子被刘洪杀害,就抱着儿子来到江边,附上血书,放在一块木匣内,随江水漂去,木匣一直漂流到金山寺崖边停住。金山寺住持法明和尚正在打坐,忽听得小儿啼哭之声,一时心动,走到江边观看,只见江水中木匣内有一个婴儿,长老连忙将他抱起,见了血书,知道来历,遂取名江流,托人扶养。当江流年满18岁时,长老叫他削发修行,取法名为玄奘。这就是《西游记》讲的后来代替唐王到西天取经的唐僧。

吴承恩之所以把唐僧放在金山寺度过他的幼年和少年时间,是他非常欣赏金山寺卓越的自然条件与浓重的佛教文化,认为金山寺是他笔下孕育唐僧这样一位高僧的佛国世界。明嘉靖十三年(1534年)秋,他下第归淮途中,饶有兴致地登上金山,赋诗言情,这从他写的《金山寺》诗中,就可以看出他多年对金山寺梦绕情牵的丰富感情。诗云:

> 几年梦绕金山寺,千里归舟得胜游。
> 佛界真同江月静,客身暂与水云留。
> 龙宫夜久双珠见,鳌背秋深片玉浮。
> 醉倚石栏时极目,霁霞东起海门楼。

张顺夜伏金山寺

《水浒传》中的人物活动地点大多在北京,但到后面就进入江南金山了。第一百一十回"张顺夜伏金山寺　宋江智取润州城"则全是以镇江三山为故事背景的,写了金山、焦山、北固山,其中开头一节对镇江山雄水险的地理形势做了细致的描绘:

> ……地分吴楚,江心内有两座山,一座唤作金山,一个唤作焦山。金山上有一座寺,绕山起盖,谓之寺里山;焦山上有一座寺,藏在山坳里,谓之山里寺。这两座山,坐在江中,正占着楚尾吴头,一边是淮东扬州,一

边是浙西润州,今时镇江是也。

接着,作者借张顺在江边看江景,用一篇赋和张顺的动作,讴歌了当天的金山胜景:

> 江吞鳌背,山耸龙鳞。烂银盘涌出青螺,软翠堆远拖素练。遥观金殿,受八面之天风;远望钟楼,倚千层之石壁。梵塔高侵沧海日,讲堂低映碧波云。无边阁,看万里征帆;飞步亭,纳一天爽气。郭璞墓中龙吐浪,金山寺里鬼移灯。
>
> 是夜星月交辉,风恬浪静,水天一色。黄昏时分,张顺脱膊了,匾扎起一腰白绢水裈儿,把这头巾衣服裹了两个大银,拴缚在头上,腰间带一把尖刀,从瓜洲下水,直赴开江心中来。那水淹不过他胸脯,在水中如走旱路,看看赴金山脚下……

这回书将水浒人物写得智勇双全,情节跌宕起伏,通过智取润州城的描写,进一步加强了对宋江人物形象的塑造。后来第一百一十二回中又写宋兵克城后再取丹徒;第一百一十九回写到宋江等归朝受封,李逵被授"镇江润州都统制"。在第一百二十回中写到宋江服了奸臣毒酒后,竟"连夜使人往润州唤取李逵",哄李逵也喝下毒酒。李逵当时没死,回来不久,便死在润州。作者将李逵之死最终还安排在润州,让一个很有个性的英雄豪杰的悲剧性结局落幕在镇江。这大概是按照流行的"生在洛阳,死葬朱方"的一句民谚故意安排的,是为了让水浒英雄死后能找到一片乐土。

苏东坡金山赏月

在金山妙高台秋夜赏月,是人生一大快事。写"明月几时有?把酒问青天"的苏东坡就曾在金山妙高台赏月。相传在一年中秋节晚上,夜空碧净,一轮圆月从滔滔江水中冉冉升至当头,苏东坡、佛印和著名歌唱家袁绹一起在金山妙高台饮酒赏月。在这醉人的月色里，天宇四垂，一碧无际，江流汹涌。苏东坡不禁想起他与亲人分离多时，激起月圆人不圆的思念，便请袁绚歌唱他在密州写的那首《水调歌头》，以寄离情。袁绚展开歌喉唱道：明月几时有？把酒问青天。不知天上宫阙，今夕是何年？我欲乘风归去，又恐琼楼玉宇，高处不胜寒。起舞弄清影，何似在人间？转朱角，低绮户，照无眠。不应有恨，何事长向别时圆？人有悲欢离合，月有阴晴圆缺，此事古难全。但愿人长久，千里共婵娟。

苏东坡按着节奏，婆娑起舞，兴致甚高，对佛印说："此便是神仙世界矣！"接着深有感触地说："文章人物，诚千载一时，后世安所得乎？"景以人名，金山赏月，也由于"苏东坡金山赏月"的传说而名声大振。

宋代苏东坡对金山情有独钟，他先后 11 次到金山，每次都留下诗词篇章。他还将自己的玉赠给金山寺。后来，金山寺特地建了一座留玉堂，将他的玉带放在那里供人观瞻。就在苏轼将玉带赠给金山寺的同一年，他在金山对面的西津渡蒜山松林中过了一段时间的隐居生活，他觉得蒜山非常好，甚至想长期住下去，以度天年。为此，他曾特地写诗给金山寺住持曾佛邪，诗名为《蒜山松林中可卜居，余欲僦其地，地属金山，故作此诗与金山元长老》。他在诗中将金山自比，情有独钟地说："金山也是不羁人，早岁闻名晚相得。我醉而嬉欲仙去，旁人笑倒山谓实。问我此身何处归，笑指浮休百年宅。蒜山幸有闲田地，招此无家一房客。"他为了能隐居蒜山，写了许多诗，直抒胸臆。他喜欢金山和西津渡简直如痴如醉，打算长期住下去，几乎"乐不思蜀"了。

岳飞金山解疑梦

据《金山志》载："在山之西北金鳌岭上，昔有培（小土丘）起者七，相传为宋秦桧削平以后建阁。"提起秦桧削平金鳌岭上七峰之事，民间流传着一则岳飞金山解疑梦的传说。

相传，南宋高宗绍兴年间，岳飞元帅在朱仙镇打了胜仗，正要乘胜追击，打过黄河。不想，他一连接到十二道金牌，速召他回临安。岳飞在赶回临安的路上,夜宿瓜州的一家客栈,半夜做了个梦,两条狗相对讲话。他觉得很奇怪,心中一直不解。

岳飞过江以后,来到金山寺,拜望道悦大师。岳飞向大师请教,说:"大师,我昨日夜梦:两犬抱头而言。不知是吉是凶? 是祸是福?"道悦闭目不语。岳飞又说:"此梦,尚请大师续圆!"道悦说,"此乃惊愕而梦。两犬对言,是个狱字,元帅此去恐有牢狱之灾。"道悦又劝岳飞,为安全起见,不要回临安了。岳飞摇摇头,心里想:我刚打了胜仗,皇帝召见,怎会有牢狱之灾呢? 他不相信此梦会应验,仍坚持要去临安。道悦大师没有办法,只好送岳飞上路。临别之时,赠诗一首:

> 风波亭下浪涛涛,千万留心把舵牢,
>
> 谨防同舟生恶意,将身推落在波涛。

并言:"元帅此去,心坚如铁,我也无缘救渡了,不过有个偈语,给你带走:岁底不足,提防偏风,奉下两点,将人荼毒!"岳飞听了道悦大师的话,并未在意,他日夜兼程,赶到临安,果然被奸臣秦桧以"莫须有"罪名抓进牢狱。

岳飞被害这天,正好是腊月二十九,北风怒吼,大雪漫天,岳飞被带出牢狱,他知道情况不妙,突然想起金山寺方丈道悦大师临别所赠偈语,仔细一想:如今是腊月二十九,正是"岁底不足",大师要我"提防偏风",如今以"莫须有"罪名,加害于我。而"奉下两点",不是一个"秦"字吗? 这一定是奸贼秦桧所设圈套,"将人荼毒"。他被押解到一个亭子上,抬头一看,亭子上写着"风波亭"三个字,马上又想起道悦大师所赠:"风波亭下浪涛涛……"诗句,今天是必死无疑了,他仰天长叹:"悔不听道悦之言呀! 果有风波之险……"当日,岳飞元帅及儿子岳云和张宪三人被勒死在风波亭上。

事后,秦桧查问监斩官,岳飞临死前说过什么话吗? 监斩官如实禀报。秦桧一听,吓了一跳,道悦大师真是神机妙算,他竟能知道我的计谋,这个人不能留在世上,便立即派亲信何立到金山寺追杀道悦大师。何立带着兵丁赶到金山寺,正好看见道悦大师在禅堂里讲经,下面围坐着数百名僧人。何立派士兵将金山寺层层围住。谁知道悦大师经一讲完,立即坐上盘坛,小和尚随即点火坐化。这时,何立带着士兵冲进禅堂,但已不见道悦大师了,只听见半空中传来道悦大师的声音:"吾年四十九,是非终日有。不为自己身,只因多开口。何立自南来,我向西边走,不是佛力大,几乎落人手。"说罢,道悦大师圆寂了。何立没抓到人,立即回去禀报了秦桧。秦桧又问何立,金山寺为何代代出高僧?何立说,金山金鳌岭上有七座小山峰,是块风水宝地,所以代代出高僧。秦桧又派何立去金山寺破风水宝地,将金鳌岭上七座小山峰削为平地,他要叫金山寺永世出不了高僧。

金鳌岭上七座小山峰可以被秦桧削为平地,但老百姓心中敬仰之人是抹不掉的。为了不忘岳飞元帅的民族精神和道悦大师的正直品德,人们在金鳌岭上建了一座七峰阁,以示纪念。后来,七峰阁毁于战争和大火,后建七峰亭。

梁红玉击鼓战金山

宋高宗建炎四年(1130 年)春,金兀术带了十万金兵,一路直奔京口杀了过来。南宋名将韩世忠任浙西制置使,他和夫人梁红玉率八千水师,驻兵焦山,负责阻击金兵。一天,梁红玉陪着韩世忠到金山察看地势。两人站在金山顶上的妙高台,望着滚滚长江。韩世忠说:"夫人,你看这江面如此宽阔,敌众我寡,很难镇守。依我之见,不如把人马撤到下游,等增援人马来到,再战不晚!"梁红玉好像胸有成竹似的指着西边一片芦荡说:"将军,你看这江边的芦荡,一望无际,不是我们智取的有利地势吗?我们若先伏兵在这里,然后将金兵诓了进来,就可以打金兵个措手不及!你看如何?"韩世忠听了,心中大喜。当下两人一合计,由韩世忠前去诱敌,梁红玉在金山妙高台上给将士们击鼓助威。他们随即把人马埋伏妥当。这边刚刚布好阵势,那边探子飞速来报:"金兀术带五百条战船渡进江口了。"

韩世忠站在楼船上面,朝西边江面望去。只见从南京方向,隐隐约约移来黑压压的一片船只。显然那是金兀术带领的战船。梁红玉在金山妙高台上看得清清楚楚。等金兵将近时,她击起战鼓,韩世忠听到第一通鼓声,立即指挥水军,扯帆迎战。顿时江面上刀光映日,杀声震天,一场恶战,十分激烈。没过一会,梁红玉在金山妙高台上,又敲起了第二通鼓,鼓声好像雷鸣一般。韩世忠听到鼓声,指挥战船,变化成人字队形,且战且退,转眼间便隐进了鲇鱼套芦荡里……

金兀术一看,认为宋军已败逃,到嘴的肥肉,岂能放掉!连忙带着金兵,紧紧追赶。梁红玉见金兀术已经中计,她随即敲起第三通鼓。随着震天动地的鼓声,只见芦荡里事先埋伏好的战船像箭一般冲杀出来。宋军个个惯熟水性,有的钻进水里,将金兵的船底凿通;有的拦住敌船,用火箭、火炮,猛轰金兵……直打得烟雾腾腾,火光冲天。金兀术的 10 万人马,被打死、淹死,死伤了一大半。

金兀术惊恐地命令战船掉头想溜,梁红玉在金山妙高台上望得一清二楚,她又敲起战鼓,宋军听到鼓声,船只好像长了眼睛似的:金兀术的船溜到东,韩世忠的船追到东;金兀术的船溜到西,韩世忠的船追到西。追得金兀术一听到鼓声,就吓得丧魂落魄,胆战心惊。宋军一直把金兀术围困在鲇鱼套的芦荡里,七七四十九天,差一点把他生擒活捉了。后来,由于汉奸献计和韩世忠的大意,金兀术指挥金兵日夜挖河,凿通早已淤塞的老鹳河,突破韩世忠的防线,逃遁而走。梁红玉深明大义,责怪夫君韩世忠麻痹大意,防守不力,贻误战机,亲自上疏朝廷治罪。梁红玉不徇私情的高尚品德,一时传为佳话!

除了《三国演义》、《水浒传》、《西游记》、《红楼梦》四大古典名著都写到镇江三山外,其他明清小说也常常以发生在镇江三山的重大历史事件为背景,或以镇江三山宗教为题材,或对镇江三山的地理环境十分钟情,或对镇江三山的饮食文化倍加欣赏,如《两晋演义》、《隋唐演义》、《说岳全传》、《七剑十三侠》、《杜十娘怒沉百宝箱》、《金屋梦》、《乾隆下江南》、《洪秀全演义》等。阅读这些小说时,会发现这些作品的作者对镇江三山是何等熟悉,许多人多次来过,对三山文化都到了信手拈来的程度,这也说明镇江三山是何等让人热爱,在当时影响是何等之大。

第二节　文化遗珍　星罗棋布

镇江三山不仅有美丽的山水,而且文化积淀深厚,文物古迹众多。目前,三山范围内的物质文化遗产有:联合国教科文组织列为亚太地区文化遗产的1项、全国重点文物保护单位8个、江苏省文物保护单位7个、镇江市文物保护单位19个。非物质文化遗产有:国家级非物质文化遗产项目1个、省级非物质文化遗产项目1个、市级非物质文化遗产项目2个。

8个全国重点文物保护单位是:

大运河镇江段。镇江位于大运河与长江的交汇处,是江南运河的起点。秦代已有运河,后经历代开凿,至隋唐进一步疏拓,形成自京口至杭州的江南运河。大运河镇江段地处长江太湖分水岭,跨山丘岗阜,为江南运河的屋脊,具有独特风貌,在中国运河史上占有重要地位。

大运河—江河交汇处。镇江自古以来素有大江南北"交通枢纽"、"江河要津"、"长江锁钥"、"七省粮道"之称。江南运河镇江段古有六口入江,自西向东分别是:西津渡、大京口、小京口、甘露口、丹徒口、月河口(谏壁口)。而今仅存三口:小京口、丹徒口、谏壁口。所存三口中唯有小京口在镇江三山范围内,位于今镇江市区平政桥北侧,北通长江,南接京口闸,东临新河街。

大运河—西津渡古街。古街位于镇江城市西部云台山北麓的栈道上,因千年古渡西津渡而得名,也因千年古渡西津渡而兴。古街现在的范围从五十三坡到待渡亭,长约300米,从待渡亭到超岸寺,长约500米。随着长江河道的变化和河势的变迁,西津渡历经沧桑巨变,已失去渡口功能。但是西津渡古街的风貌却得以完整保存了下来。

铁瓮城遗址。铁瓮城遗址位于镇江市北固山前峰的鼓楼岗上,占地约10.68公顷。铁瓮城又名子城、京城,始建于汉末建安初。建安十三年(208年),孙权"自吴(今苏州市)理丹徒(今镇江市)",并在此居住了四年。孙权以

图 3-1　西津渡

此为中心,开创了江东,奠定了东吴霸业的基石。"自晋以降,郡治皆据其上。"经考古勘探,发现铁瓮城西垣、南垣、东垣六朝夯土及包砖墙基、甬道以及南城门等遗迹。铁瓮城遗址保存基本完好,其闭合、相连,形如瓮,周长1100佘米,与元《至顺镇江志》记载"周回六百三十步"基本吻合。这种"因山为垒,缘江为境"的筑城特点,受到国内外许多建筑专家和文物专家的高度评价。中国科学院院士、中国工程院院士、原建设部副部长周干峙说:"铁瓮城因山为叠、缘江为境,山、水、城融为一体,这在古城遗址中独具特色。"铁瓮城在东吴三城(铁瓮城、石头城、吴王城)遗迹中,以其建造年代最早、保存遗址最为完整、筑城风格最为独特而被誉为"三国东吴第一城"。

焦山碑林。由于屡遭损毁,1962 年,镇江市政府为抢救民族文化遗产,再现优秀人文景观,就多方寻找散失残碑,征集四乡刻石,再建了焦山碑林,并在 1988 年进行了扩修,1991 年设焦山碑刻博物馆,2002 年再次进行维修、扩建。1988 年 1 月被国务院公布为全国重点文物保护单位。

镇江英国领事馆旧址。镇江英国领事馆旧址位于镇江市区五十三坡南,西津渡古街、伯先路和大西路交界处,西依云台山。第二次鸦片战争后,镇江被辟为通商口岸,英国侵略者在镇江设立了租界,并于清同治三年(1864 年)在云台山麓建立领事馆。清光绪十五年(1889 年),租界内英国巡捕无辜殴打中国平民致死。中国同胞举火焚毁了英国领事馆的主楼。事后,清政府屈辱赔偿，于次年按照原样复建，迄今该楼仍嵌有"1890"横额，以示复建落成的日期。1927年，国民革命军北伐迫近镇江，民众反对帝国主义的浪潮日益高涨，镇江人民纷纷集会游行。英国领事迫于形势，函请镇江商会会长陆小波接管租界，并于3月24日巡捕自行缴械，英国领事馆人员悄然离开。1929年11月15日，英国大使与中华民国外交部部长就取消租界问题互换照会。事后，英国总领事波朗特又将原英国领事馆全部房屋折价29067元售予怀德堂主人镇江人赵启騄。1962年，江苏省政府同意省人大代表将原英国领事馆给镇江市博物馆作馆址的提案。赵启騄的子女将领事馆的房地契约等一并赠送给博物馆，并捐献了约3300件珍贵古籍图书、碑帖、地图。镇江英国领事馆旧址包括英国领事馆南侧的美国领事馆旧址和传教士的两幢住宅以及云台山下昔时租界行政机构工部局及其所属的巡捕房，总计6幢建筑。

昭关石塔。昭关石塔位于镇江城西西津渡古街东端。塔身由两个相同的须弥座叠成，"亚"字平面。石塔形似瓶，俗称"瓶塔"，寓"平安"之意。石塔跨街而建，下可通行人，俗称"过街石塔"。

甘露寺铁塔。甘露寺铁塔位于北固山后峰。如今的甘露寺铁塔塔顶装上避雷针，塔基浇钢筋混凝土，为我国东南地区最大的铁塔。1960年5月，镇江考古部门对塔基进行发掘，在地宫出土文物2576件，其中有世所罕见的金棺、银椁、佛舍利等珍贵文物。

图 3-2　甘露寺

三山范围内,有江苏省文物保护单位焦山定慧寺、金山寺、救生会旧址、广肇公所、焦山炮台遗址、"五卅"演讲厅、镇江商会旧址;有镇江市文物保护单位荆王刘贾墓、太史慈墓、超岸寺、天下第一泉、西长安里民居建筑群、"天下第一江山"石刻、节孝祠碑刻、焦山古炮台、亚细亚火油公司旧址、德士古火油公司旧址、美孚火油公司旧址、税务司公馆旧址、伯先路近代建筑群、伯先公园、王宗培烈士墓、中山纪念林塔、绍宗国学藏书楼、老气象台旧址、镇江自来水厂旧址等。

三山范围内,有国家级非物质文化遗产项目"白蛇传传说";江苏省级非物质文化遗产项目"金山寺水陆法会",镇江市级非物质文化遗产项目镇江抗英斗争故事歌谣、镇江肴肉制作技艺等。

第三节　高僧大德　层出不穷

佛教与镇江的关系非常密切。星云法师曾说:"世界佛教看中国,中国佛教看镇江。"早在东汉兴平元年(194 年),佛教作为外来文化刚刚传入中国,即传入镇江。金山的江天禅寺、焦山的定慧寺、北固山的甘露寺,都是千年的佛教古寺。佛教在镇江有 1800 多年的弘传史,历史上出现过不少佛学宗派,先后有法相宗、天台宗、净土宗、律宗和同属禅宗的曹洞宗、临济宗以及牛头禅法系等。镇江三山的佛教寺庙大体以禅宗为主,与朝廷、官府关系密切,多为朝廷"赐名"。

常言道:名寺出高僧,高僧创名寺。镇江三山高僧大德,层出不穷,在佛教界扮演了重要的角色。他们开辟榛莽,兴建招提精蓝、梵宇琳宫;他们学行双修,名德素重,开宗立派,法脉传承;他们慈悲为怀,祈福百姓;他们弘扬佛法,撰述精博,汪洋浩瀚。他们日常的起居坐卧、言行举止,曾使三山佛寺充满了活力和生机,使这里的佛学声名远播,在中国佛教界产生了重大影响。其中金、焦二山的高僧最多,在全国佛教界的影响也最大。金山寺的高僧有宝志、灵坦、法海即裴头佗、了元、克勤、长在、隐儒、宗仰、慈舟等;焦山定慧寺有法宝寂、神邕、元门、茗山等。他们撰写了许多佛学名著,如《一乘佛性究竟论》、《大般涅槃经疏》、《什禅次第法门》、《会空有论》等,驰誉海内外。

金山寺因首开"水陆法会"而蜚声天下。"水陆法会"是中国佛教法事中最隆重的一种法会,全称为"法界圣凡水陆普度大斋胜会",也叫水陆道场,其内容主要是诵经设斋,礼佛拜忏和追荐亡灵。法会分别设内坛、大坛、华严坛、法华坛、大悲坛、诸经坛、净土坛等 7 个坛口,需僧人 80 名以上,需连做 7 天。早在南朝梁天监四年,有"佛心天子"之称的梁武帝萧衍,命金山寺住持宝志法师,邀集九大高僧,在金山泽心寺(金山寺)披阅经卷,历时三年,编成《水陆仪规》。萧衍亲临金山,依照《水陆仪规》首开佛教界的"水陆法会",以超度"六道四生"。从此,中国佛教历史上就有了"水陆法会",各地效尤,盛极一时。金山寺首开"水陆法会",确立了金山佛教文化的领先地位,声名日隆。宋代以来,由于战事频繁,灾害不断,致使大批人口死亡,人们为寄托哀思,采用"水陆法会"形式超度亡灵,为当时朝野最好的一种纪念祭奠方式,所以十分普遍,规模也越来越大。宋元丰七年(1084 年),金山寺住持了元法师应一位海商的要求,亲自主持"水陆法会",有 1500 多僧众参加,整个佛事做了七天七夜,盛况空前,十分壮观。元、明、清以来,历代都在金山举办"水陆法会",上至皇族达贵,下至平民百姓,都乐于参加,虔诚礼拜。一般人理解"水陆法会"就是佛教,因为很多关于佛教的仪式、经文等知识是由"水陆法会"首先传播的。金山寺随着"水陆法会"的盛行,为金山佛教文化的积淀奠定了厚实的基础。

在佛教界,焦山以佛学研究重地而闻名。焦山定慧寺自古以来是参禅念佛、研究佛学之地,素有"教下"之称。高僧们为了培养僧才,弘扬佛法,在1934 年秋创办了焦山佛学院,定慧寺方丈智光法师亲任院长。焦山佛学院自 1943 年至 1948 年,共办正科两届(两个班)、预科班三届(五个班),培养学僧 300 多名,其中第一届 120 余名,第二、三届各 60 余人;第四届 40 余人。这些学僧有不少人成为海内外名刹住持或监院,有的还成为世界著名的高僧。中国台湾僧人星云是当今最具影响力的国际著名高僧,是人间佛教的世界践行者。他先后在世界各地创建 200 余所道场,并创办美术馆、图书馆、出版社、书局、电台、电视台、佛教丛林学院及大、中、小学等数十所,出版著作 100 多种,并被译成英、日、法、西、葡、韩、泰等 10 多种语言,流通世界各地,全球信众百万之多。1991 年,他创立国际佛光总会,被推举为会长,在世界五大洲 170 余国家地区设立分会,成为全球华人最大的社团,2003 年通过联合国审查,正式加入"联合国非政府组织"。星云 1945 年就读焦山佛学院,学名"今觉"。1994 年星云回来探母,见到了阔别 30 多年、当年的焦山佛学院教务长茗山法师,两人回忆起当时学习的愉快情景;此后,星云又率庞大的参访团访问焦山,受到茗山和焦山定慧寺的热烈欢迎。2013 年 7 月 10 日再次造访镇江时,他又一次回忆起在焦山佛学院学习的愉快经历,深情地感叹:"没有焦山就没有我星云","父母给了我身体,焦山给了我智慧"。

焦山佛学院的历届院长均由历届方丈兼任,先后由智光、静严、雪烦、东初、圆湛五位法师担任院长,其中静严是一位富有爱国热情的僧人。在中华民族生死存亡之秋,静严法师大义凛然,不避艰险,以一个方外之人,利用名刹方丈的社会地位,大力支持中共长江工委书记彭炎从事抗日工作。焦山寺院成了新四军南来北往的重要联络点,静严住处的密室也成了中共长江工委存放枪支弹药和机密文件的地方。当时,工委有不少重要会议就是在焦山寺院里召开的。后经中共长江工委批准,吸收静严为秘密党员。

焦山佛学院 1940 年还创办过一份《中流》月刊,这是一份在当时颇有影响的佛学刊物,发表过不少重要的佛学理论文章,与日本佛学杂志《大法教》相互交流赠阅;还与菲律宾、新加坡、马六甲、尼泊尔、锡兰、缅甸、暹罗等国家,以及香港等地区的佛学刊物有相互交流关系。

在超岸寺内创办的玉山佛学院是镇江的第一座佛学院,学制三年,招收过四届学僧,人数将近 120 名,培养出远尘、震华、惟真、雨墨等一批高僧。开设的课程有"佛教各宗派源流"、"印度佛教史"、"唯识论"、"中国佛教史"以及国文、历史、地理等。曾经担任过玉山佛学院院长的有守培、晴莲、惠庭、雪松等,多为超岸寺方丈,在当时佛教界有一定的知名度。第一任院长守培曾多次应邀赴全国各地讲经说法,还出任过上海佛学院、焦山佛学院、竹林佛学院的特席讲师或客座讲师,并担任过镇江佛教协会的第一任会长。

第四节　经典诗词　独领风骚

镇江可谓一城山水一城诗,镇江三山可以说是诗词之山。有学者研究,教育部公布的最新版《全日制义务教育语文课程标准》,要求学生背诵的古诗文名篇,其中涉及镇江这个城市的篇目最多。许多文人雅士、达官显贵前来镇江三山游览,都把这里作为雅集文会之地,并留下了许多名篇佳作。

唐开元时,著名诗人王湾于江南冬尽、春意勃发之际,驻舟北固山下。天色将晓,扬帆待发时,北固山下春潮涨涌,平波漫漫,江上红日冉冉升起的奇丽景色,触发了他客路思乡的情怀,他兴会淋漓地写下了《次北固山下》这首脍炙人口、秀丽动人的诗篇:

> 客路青山外,行舟绿水前。
>
> 潮平两岸阔,风正一帆悬。
>
> 海日生残夜,江春入旧年。
>
> 乡书何处达?归雁洛阳边。

颈联"海日生残夜,江春入旧年"两句,最为当时称道。唐人殷璠选入《河岳英灵集》时,誉为"诗人以来少有此句"。唐开元宰相张说推崇备至,把这两句诗"手题政事堂,每示能文,令为楷式"。其实这首诗不独颈联好,颔联又何尝不妙绝呢? 2014年7月,中共中央总书记、国家主席习近平在巴西国会演讲时便引用了"潮平两岸阔,风正一帆悬"两句诗。

晚唐"千首诗轻万户侯"的诗人张祜,以宫词于元和中得名。李群玉有诗称其"越水吴山任兴行,五湖云月挂高情","昔岁芳情到童稚,老来佳句遍公卿"。他性爱山水,多游名寺,长于摹写,不离本色,览物品游,往往超绝,被称为"五言巨匠"。他的《题润州金山寺》写得不同凡响,诗云:

一宿金山寺，超然离世群。

僧归夜船月，龙出晓堂云。

树色中流见，钟声两岸闻。

翻思在朝市，终日醉醺醺。

树影中流见，钟声两岸闻。

对这首诗，历代诗家和学者都推崇备至。宋代方回说："此诗金山绝唱。"明王思任说其诗"可以鼻祖金山"。清初刑更说："后人不复能措手，几同崔颢'黄鹤'矣。"张祜一鸣惊人，竟使当时的诗人搁笔不敢写金山。但是颇有才气的诗人孙鲂则不服气，偏要与张祜争个高低。孙鲂来到金山，特地涉水登山，挥笔写下了《题金山寺》诗一首：

山载江心寺，鱼龙是四邻。

楼台悬倒影，钟磬隔嚣尘。

过橹妨僧定，惊涛溅佛身。

谁言题咏处，流响更无人？

孙鲂的诗写得气概不凡，也算是佳作，但评家总认为不如张祜写得超凡出俗。一次，张祜去扬州途经润州时，未能过江，在金山对面的金陵渡过夜。他彻夜未眠，写下了《题金陵渡》诗：

金陵津渡小山楼，一宿行人自可愁。

潮落夜江斜月里，两三星火是瓜洲。

这首佳作，诗中有画，描绘出了一幅情、事、景水乳交融的夜江远眺图。这首诗被清蘅塘退士孙洙选编在《唐诗三百首》中，许多学者和游客将这首诗与张继的《枫桥夜泊》诗相媲美，称其"同写客愁，各臻妙境"。

宋熙宁八年（1075 年），王安石应朝廷以翰林同平章事起复，在京口小住后,又在春风晴日、山光扑面中扬帆北去,在舟次瓜洲时,江天一览,月色如昼,他回首金山和西津渡口,对那些饯别自己的友人,心里泛起了依依惜别的涟漪,顿时诗情勃发,写下精于炼字、写景如画的《泊船瓜洲》这首千古绝唱:

> 京口瓜洲一水间,钟山只隔数重山。
>
> 春风又绿江南岸,明月何时照我还。

"春风又绿江南岸",写京口春日的美景,句中的"绿"字,据说是经过十数次改动才定下的。一个"绿"字,将春风的作用写活了。江南春景,三山风光,以鲜明的视觉形象,呈现在读者面前,令人遐思无穷。

苏轼与金、焦、北固三山有着不解之缘。据记载,他曾十多次到润州,几乎每次来都要到三山去,留下了许多歌咏三山的名篇佳作。熙宁四年(1071年),他由汴京赴杭州上任时,中途游金山。次年七月,他写了《游金山寺》诗:

> 我家江水初发源,宦游直送江入海。
>
> 闻道潮头一丈高,天寒尚有沙痕在。
>
> 中泠南畔石盘陀,古来出没随涛波。
>
> 试登绝顶望乡国,江南江北青山多。
>
> 羁愁畏晚寻归楫,山僧苦留看落日。
>
> 微风万顷靴文细,断霞半空鱼尾赤。
>
> 是时江月初生魄,二更月落天深黑。
>
> 江心似有炬火明,飞焰照山栖鸟惊。
>
> 怅然归卧心莫识,非鬼非人竟何物?
>
> 江山如此不归山,江神见怪惊我顽。
>
> 我谢江神岂得已,有田不归如江水!

这首诗以流畅自然、跌宕生姿的笔墨揭示了作者登上山顶远眺江天的开阔胸襟,描写了奇异的江心夜景,抒发了乡国之思。清代纪昀说:"首尾谨严,

笔笔矫健,节短而波澜甚阔。"苏轼的金山诗作不仅数量多,而且趣味浓。他用回文体写的《题金山寺》也颇具特色,诗云:

> 潮随暗浪雪山倾,远浦渔舟钓月明。
>
> 桥对寺门松径小,槛当泉眼石波清。
>
> 迢迢绿树江天晓,霭霭红霞晚日晴。
>
> 遥望四边云接水,碧峰千点数鸥轻。

这首诗正过来读和反过来读,都如同行云流水,自然流畅,文笔非常的优美,无愧为大诗人的杰作。

嘉泰四年(1204年),南宋爱国词人辛弃疾受命知镇江府。他在镇江积极进行北伐抗金的备战活动,但是朝廷对此并不重视,江淮间的防御和进攻等机宜不让他参与,这使辛弃疾产生了报国无路的感慨。开禧元年(1205年)暮春,他登上北固亭,瞻慕追怀名可累世、功垂千古,以区区江东之地抗衡曹魏、拓宇开疆、造成三国鼎立局面的孙权,以及崛起孤寒、以京口为基地、削平内乱、挥戈北伐、恢复黄河以南大片故土的刘裕,总结了刘义隆轻启兵端、三次北伐败北,弄得两淮残破、胡马饮江、国势一蹶不振的历史教训,写下了千古绝唱《永遇乐·京口北固亭怀古》:

> 千古江山,英雄无觅,孙仲谋处。舞榭歌台,风流总被,雨打风吹去。斜阳草树,寻常巷陌,人道寄奴曾住。想当年,金戈铁马,气吞万里如虎。
>
> 元嘉草草,封狼居胥,赢得仓皇北顾。四十三年,望中犹记,烽火扬州路。可堪回首,佛狸祠下,一片神鸦社鼓。凭谁问,廉颇老矣,尚能饭否。

这首词抒发了作者忧思深重、壮志难酬的思绪情怀。词的上片通过眼前所见景物,联想并歌颂了两位与京口有关的历史人物孙权与刘裕,慨叹"英雄无觅孙仲谋处",赞颂了刘裕"金戈铁马、气吞万里"的英雄气概。下片从反面写宋文帝草率北伐、导致失败的历史教训,规劝南宋执政者要引以为戒;又写"四十三年"自身经验,希望执政者重视;最后以廉颇自比,表达了作者老当益壮的战斗意志。辛词洋溢着战斗激情,用典多,但用得流利贴切,一气奔放,毫无晦涩之气,把北伐抗敌的英雄气概写得栩栩如生,形成了这首词在艺术表现方面的显著特色。

同年,他再登北固亭,又以浓墨健笔写下三问三答、感怆雄壮、声可裂云的辉煌辞章《南乡子·登京口北固亭有怀》:

何处望神州?满眼风光北固楼。千古兴亡多少事?悠悠。不尽长江滚滚流。　年少万兜鍪,坐断东南战未休。天下英雄谁敌手?曹刘。生子当如孙仲谋。

这首词抒发了作者当时登临北固亭,即景生情,怀念中原故土的感情。词的上片写景,通过历史上无数盛衰兴亡之事,抒发怀古怀乡之情。词的下片颂扬孙权,借古讽今,讥讽了苟且偷安的南宋统治者。全词自问自答,笔法生动活泼。词中化用杜甫和曹操诗句,自然贴切,不漏痕迹。

辛弃疾的这两首词,为历代诗人词家所欣赏。毛泽东也十分喜爱这两首词。1957 年春天,他到南方视察,3 月 20 日下午,乘飞机由南京飞往上海。飞机起飞不久,他就从机窗俯看到一片壮丽山川,忙问到了什么地方。工作人员回答到了镇江上空,毛泽东听说到了镇江,看着飞机下面的长江及江中的三山,不禁触景生情,吟咏起辛弃疾的《南乡子·登京口北固亭有怀》,并即兴挥毫写下这首词,笔触恣意挥洒,气势磅礴,抒写了一代伟人豪迈激越的情怀和对古城镇江的情愫。他还对身边的工作人员说,"不尽长江滚滚流"句出自杜甫的七律,"生子当如孙仲谋"是借引曹操对孙权的评价,此外,他还特别写下"京口即镇江",同时,写下元代词人赵天锡的《过金山寺》词:

长江浩浩西来,水面云山,山上楼台。山水相辉,楼台相映,天与安排。诗句就、云山失色,酒杯宽、天地忘怀。醉眼睁开,遥望蓬莱;一半云遮,一半烟埋。

这首词淋漓尽致地写出了金山的风采神韵,有气势、有豪情、有韵味,读之引人遐想,意味无穷。

嘉庆年间,焦山定慧寺诗僧借庵(清恒)与丹徒诗僧悟霈、丹阳寺僧慧超经常在一起吟诗酬唱。清恒著有诗集《借庵集》,悟霈著有《击竹山房吟草》,慧超著有《旃檀阁诗钞》。诗人王柳村(王豫)将三诗僧的诗合刻为《京江三上人诗》。在清大学士阮元的支持下,王柳村(王豫)在焦山征诗阁征集了江南5430余家诗人作品,编撰出版了《江苏诗征》。

已故中国佛教协会副会长、焦山定慧寺住持茗山诗学造诣深厚,他与赵朴初时相唱酬,赵朴初常常表示相见恨晚之情。1978年赵朴初来到焦山,茗山陪同参观,当赵朴初见到有棵朴树枝繁叶茂,树色青青,十分喜爱,在旁的茗山立即吟诗一首并书赠赵朴初:

> 朴老无心逢朴树,茗山接客在名山。
>
> 因缘时节天然巧,正法重兴住世间。

诗将两人的尊称和姓名嵌入句内,浑然天成,意味深长,朴老赞赏不已。

焦山西面山腰处屹立一亭,名壮观亭,翼然临江,朴老登亭眺望长江壮丽风光,顿觉心旷神怡,诗潮激涌,脱口吟七律一首:

> 生子当如孙仲谋,不缘年少万兜鍪。
>
> 关心岂限眼前事,启后宜先天下忧。
>
> 浮玉中流迎北固,真堂隔岸望扬州。
>
> 壮观二字应无负,第一江山第一楼。

茗山法师当即步原韵唱和道:

华严阁上共筹谋,盛宴从来出釜鍪。

佛殿落成宜塑像,慧灯待续实堪忧。

六朝胜迹称浮玉,千古江山数润州。

此日兴修仗鼎力,再来更上一层楼。

时隔三载,1993年新春时节,茗山在半个月内三会老友赵朴初:正月初三,茗山大师在南京西康宾馆与他晤面;过了三日,茗山又以句容宝华山隆昌寺方丈的身份,在"律宗第一道场"隆昌寺内盛情款待老友;2月9日,茗山陪同赵朴初视察金山寺,游览了"天下第一泉",登临巍峨壮观的芙蓉楼,赵朴初兴致盎然,当晚在镇江作《渔家傲·参访金山寺作》:

八载重来风景异,江山又更增奇丽,泉水不波今涌起,如人意,芙蓉楼外寒烟翠。　　古刹中兴逢盛世,巍峨殿阁人天喜,钟鼓声中低首礼,深深誓,庄严国土无穷际。

茗山看了欣喜不已,挥笔步原韵和词一首,作《渔家傲·和赵朴老参访金山寺作》,词曰:

风采依然仍不异,寿而康健神情丽,八七老翁当益壮,慰吾意,一泉信步观苍翠。　　第一江山名于世,殿高泉涌令人喜。步向佛前同敬礼,四宏誓,众生无际愿无际。

镇江三山的经典诗词如炼乳,哺育了镇江一代又一代诗人。三山也成为诗人辈出之地。"景逢胜地秋偏壮,诗到名山兴更豪"(乔宇《金山》)。三山独特的姿容和神韵,使无数骚人墨客、游子旅家、幽人逸士流连瞻顾,俯仰凭吊,神思骀荡,诗兴勃发,他们或状物写景,或言情述志,或伤离悼亡,铺彩缛文,争雄斗胜,留下了数以万计开阖万端的诗篇,让镇江三山变成了名副其实的诗词之山。

第五节　书山画海　蔚为大观

镇江三山历来有"书山画海"之称。焦山因摩崖石刻和碑刻博物馆而被冠以"书法之山"的雅称，北固山因米芾的海岳庵书画而盛名满天下。

米芾，初名黻，字元章，世居太原，幼年随父徙居襄阳，元祐二年（1087 年）定居京口，在北固山西麓建了海岳庵，自号海岳外史。米芾举止"颠狂"，人称"米颠"。他爱洁成癖，每天要洗涤身手若干遍。米芾还是个"石痴"，见到奇巧的石头就赏鉴不已。在海岳庵墙壁上曾有他的自画像，其子米友仁赞曰："严君海岳，戏自写像。无任临移，妙出心匠。形容浩然之气，为一时所敬仰。经纶之志，众叹曾未得施；青史之名，高出古今之上。"后来北固山遭火焚，山上的建筑物几乎都被烧毁了，只有李德裕建的塔和海岳庵幸存。米芾十分高兴，写了"神护卫公塔，天留米老庵"的诗句庆幸。米芾生前酷爱三山，写了许多赞美三山的诗文，称北固山多景楼为"天下江山第一楼"。米芾的突出成就在书画。他自谓其书为"刷字"，其画为"心画"。《宋史》称他的书法："妙于翰墨，沈著飞翥，得王献之笔意。"他与蔡襄、苏轼、黄庭坚合称为"宋四家"。米芾的画心眼高妙，独辟蹊径，画史上称之为"米点山水"。因其作画，基底用清水润泽，淡墨渍染，画面有朦胧之状，湿润之感，即使不画云雾，也有云雾变灭之象和雨后山川的气氛，故人们又称之为"米氏云山"。这是宋代山水画方面的一大创造。米画成功的渊源之一是师法自然，得趣于"江山之助"。米芾在其自题《海岳庵图》上说："先自潇湘得画境，次为镇江诸山。"他的儿子米友仁在自题《潇湘奇观图》中也说："先公居镇江四十年，作庵于城之东高阁上，以海岳命名。……此画乃庵上所见，大抵山水奇观，变态万千，多在晨晴晦雨间。世人鲜复知此。"

受米芾、米友仁父子的影响，镇江书坛画苑名家辈出。清乾隆嘉庆年间，镇江涌现了一批杰出画家，世称"京江画派"，也称"丹徒画派"，张崟是其杰出代表。张崟（1761—1829），字宝崖，号夕庵，又号且翁，夕道人，丹徒人。他的父亲张自坤是镇江有名的富商,经常往来于镇江、扬州之间做生意,便在金山对面西津渡的蒜山下营造了富有池馆之胜的新居。院内有祭祖的皆吉堂,供佛的澄华堂、大士阁、梧桐阁,作书画的书画轩、友山阁、白华居、敦本堂、绣珠室、余斋,等等。张自坤能诗善画,精鉴别,富收藏,只要看到善本书,不惜重金购买,家藏法书名画甚丰。其弟张若筠为镇江收藏最富者之一。张自坤、张若筠经常在家里举办诗书画文酒之会,将文人们聚集起来,对诗书画互相观摩、欣赏和品题。山水画"秀绝一时"的丹徒名画家潘恭寿还专为他们在蒜山别墅友山阁文宴作图。张崟在浓郁的文化氛围中度过了学画的起步阶段。他自幼就善画工诗,早期出自"吴门画派",对元代画家王蒙的画法较亲近,后期深悟米芾画法。他化合吴门派、王蒙和"米点"诸画法而又饶有新意,尤其主张"内师古人,外师造化",自幼便纵情山水,从生活中汲取营养。"意境出胸次,落笔重千年。"他的画掩映一时,花卉、竹石、佛像皆超绝,尤擅山水,而山水画中突出的景物是松树,故有"张松"之称。张崟的画风很有影响,"邑之画者宗之",带动了一大批镇江画家。"江南得君画,片纸如珍获。"许多达官显贵从数千里外写信向张崟求画。"平生从未入官衙,道院僧房处处家。"他常与好友相携游于三山和西津渡,意兴所致,笔墨纵横,画作可谓风韵绝人。他绘写三山和西津渡的画特别多。现北京故宫博物院还藏有他的《京口三山图》。镇江博物馆藏有他的《镇江名胜图册》。他画的《救生会馆图》也流传于世。

江山非笔墨无灵,笔墨得江山为助。镇江三山吸引了许多丹青妙手,泼墨染翰,大笔淋漓,留下了许多传世名画。明代中叶,沈周与其弟子文徵明、唐寅等"吴门画派"诸家经常往来于大江南北,在三山留下许多妙墨。明沈周曾画《北固山图》,其山川明秀之状及亭池台榭、游观士女,都极工细可爱。他画的《京江送别图》和文徵明的《金山图》,分别藏于北京故宫博物院和金山寺。《金山图》成为"金山四宝"之一。唐寅的《金山胜迹图》曾是清宫秘宝,还酿成日谍盗宝的惊天大案。唐寅的《金山胜迹图》,是其山水画作的精品。他师承周臣,近于李唐、马远,擅绘山水,画仕女花草的造诣也很深。他的《金山胜迹图》绘的是金山上的寺塔亭桥,着色淡雅清俊,笔法工整细腻,其侧有明清多位帝王收藏、鉴赏的印鉴,愈见其珍贵。乾隆二十二年(1757年),乾隆帝第二次南巡时,在苏州得到了唐寅的《金山胜迹图》,当时价值黄金万两。乾隆帝视为至宝,挂在御书房内,早晚品味揣摩,十分珍爱。乾隆去世后,嘉庆帝命将此画收至库房封存起来,担心受损。1862年,六岁的同治帝即位,慈禧太后"垂帘听政",又将此画取出,挂在她的"春秋室"内,时时品赏。慈禧死后,隆裕太后又嗜爱此画,朝夕相伴。武昌起义后,隆裕太后为笼络革命党人,亲自在御花园灵沼轩会见汪精卫,临别时还赠送宫中珍品《金山胜迹图》,想拉拢汪氏效力清廷。1921年年初,汪精卫与陈璧君宣布结婚,汪精卫将《金山胜迹图》作为订婚礼物送给陈璧君,陈璧君一见十分喜欢,就把这件珍品锁进保险柜。唐寅的这幅图,是日本文化特务首批窃掠对象,代号为"真迹008"。日本情报一处的特务头子山本四太郎精通华语,20世纪初潜入天津,化名姜尚礼,披着考古专家的外衣,密访于北京、天津等地,终于从清宫近臣口中得到真迹在汪精卫手中的消息,他乘汪精卫出门之际,带领一批武装匪徒,撬开保险柜,将古玩和黄金之类统统劫走,陈璧君却安慰汪精卫说古画无恙。原来,陈璧君嗜好古画,已将画暗中转藏到一个寺庙内。1940年1月,陈璧君去天津,装扮成一名进香的贵夫人,坐车前往独乐寺。这时山本四太郎亲自带人跟踪陈璧君,看到陈璧君吩咐人将几箱经书抬到了车上,并探知陈璧君将要乘"海鸥号"游艇返回。1月20日拂晓,"海鸥号"游艇在渤海海峡突然遭到两艘快艇的堵截,数十个日本海盗登上"海鸥号",将艇上5名中国船员及19名乘客全部抛入海中。他们把书箱撬开,将经书翻得七零八落,却不见唐画踪迹。日本特务再次扑空。原来,陈璧君接到"海鸥号"的船票时,发现其中夹有一张小纸条,称"海鸥号"已被英国特务盯梢,准备炸船灭迹。陈璧君连夜改乘其他船只返回南京。这条消息是日本女间谍川岛芳子写的。原来,在1935年"一·二八"事变时,汪精卫曾以国民党行政院院长身份与陆军部部长何应钦共同将川岛芳子释放,川岛芳子为报恩,特意提供了消息。返回南京后,陈璧君便将唐画放到了周佛海花园洋房的地下室里。在将画送周佛海家地下室收藏时,陈璧君还特请周佛海找"宝斋堂"鉴赏家俞师傅鉴定。三天后,俞师傅将画送来,并在鉴定书上写道:"此画确系真迹,价值连城。湘江老人谨识。"1941年1月11日,当汪精卫、周佛海、陈璧君、陈公博四大汉奸头目在伪财政部接见日本文部省、大藏省的访华官员丰山一郎等一行时,山本四太郎指挥一批武装特务闯到周宅,用特制的切割工具打开地下室,撬开保险柜,洗劫一空。7天后,"真迹008"被运抵日本东京,欣喜若狂的山本四太郎感到30多年的努力没有白费。他被前来拜会的盗宝集团的头目们团团围住,拥到"密展室",观赏这幅中国明代的名画。正在大家啧啧称赞时,日本情报总处官员加藤佐木对这幅古画的墨色和纸质提出了疑问。最后,经日本天皇御前鉴古学家们会鉴,发现这是一幅高手伪造的赝品,而不是唐寅真迹。山本四太郎被指责为"日本鉴古史上最愚蠢的妄动者",情报二处为维护声誉,撤销了山本的职务。山本四太郎受到致命打击,便在一天晚上在东京湾沙麂角跳海自杀。①

"书赖名山藏,山因古书靓。"享有城市山林美誉的镇江,不仅是读书、写书的好地方,也是藏书的名府。镇江的藏书楼多集中在三山景区内,在全国有很大的影响。

清代文宗阁建于四面环水的金山,文宗阁以庋藏《四库全书》而闻名中外。文宗阁的兴建激励了一批藏书文人,他们把"书藏名山"作为自己的人生追求,古代藏书楼也得以进一步发展,为镇江赢得了世人的称颂。最典型的是嘉庆年间阮元仿效文宗阁藏书之举,在镇江的焦山创办了"焦山书藏"。阮元位至体仁阁大学士,是清代著名的学者型官员,他对乾隆皇帝纂修《四库全书》和藏书南三阁的举动很钦佩,亲自编辑了《四库未收书分类书目》,把许多不见世传的古籍版本选录书目中,宋代的《嘉定镇江志》和《至顺镇江志》抄本就是被阮元发现后选录其中的,使《四库全书》的体系得到了进一步完善。嘉庆十九年(1814年),阮元命丁百川等人在焦山西麓海西庵内建楼五楹,以作藏书之所,定名"焦山书藏"。为了加强焦山书藏的管理,阮元做了大量工作,从书库的布局、书橱的制造,到书籍的编排都亲自过问,专门写了《焦山书藏

---

①　流泉、王世建、黄沙:《中国珍贵文物蒙难纪实》,山东画报出版社2006年版,第149页。

记》,制定了《焦山书藏条例》。他还从自己在扬州的私人藏书楼中,选出图书206种1400余册率先捐给焦山书藏。杭州著名藏书家丁丙的捐书仅次于阮元。其他先后捐书的还有慈溪冯辨齐、黔县李宗媚、巴陵方功惠、六合徐孙麟、独山莫绳孙,以及汪喜孙、王豫、借庵、吴大澂、梁鼎芬、陈庆年、缪潜持、张东山等学者和藏书家。在众人的扶持下,焦山书藏琳琅万轴,善本尤多,为学人阅读提供了方便,对当时文化传播和学术发展起到了积极的推动作用。

焦山书藏创立后,阮元曾指示海西庵僧人编成《焦山书藏书目》12卷,按照入藏书的先后顺序,著录古籍1400余种,25000多卷,10000余册,使焦山书藏藏书有序,为读书人使用藏书提供了便利。广东著名学者梁鼎芬曾经在焦山书藏读书多日,对那里的读书环境和藏书状况留下了很深的印象,他不仅自己带头向书藏捐赠图书,还劝说杭州大藏书家丁丙和其他藏书家向书藏捐书。康有为在镇江焦山期间也是书藏的常客,在这里看了不少书籍。

20世纪30年代初期,镇江人吴寄尘慨然以恢复文宗阁为己任,在伯先公园内云台山的半山腰上开辟了一块平地,建起了藏书楼,取名为"绍宗国学藏书楼",从名称上就可以看出来,是绍承规复文宗阁之志。

图3-2 绍宗国学藏书楼

绍宗国学藏书楼在筹建过程中得到了冷御秋、丁传科、赵蜀琴等地方人士的支持。吴寄尘做过南通张謇的助手,先后担任过南通大生纱厂经理和南通大生纱厂驻上海办事处主任,他拿出了手中的积蓄,承担了一大半主楼的建筑经费,其余不足的部分由冷御秋、丁传科、赵蜀琴三个人分担。丁传科还捐款 14000 元,又另赠大丰垦田 2000 亩,以其年息作为藏书楼的常年经费。

绍宗国学藏书楼的主楼分两层,看上去是西欧式的建筑风格,为钢筋混凝土结构,由上海扬子建筑公司负责承建,1933 年完工。绍宗国学藏书楼落成后,吴寄尘首先将自己藏书室"味秋轩"中的 20000 余册藏书全都献给绍宗国学藏书楼,放满了 6 间房子。著名学者柳诒徵称赞吴寄尘此举是"扶危持颠,有名相之才,从九原报张謇公,道商界乃今而后知秀才风仪。开物成务,以正学为本,斥万卷绍文宗阁,问儒林何人能具此菩萨心肠"。

绍宗国学藏书楼的书源主要来自社会的捐赠,藏书的质量不错。楼中当时收藏的丛书数量较多,有清鲍廷博的《知不足斋丛书》等,当时商务印书馆刊行的《续古逸丛书》、《四部丛刊》、《四库全书珍本》等大型丛书都已充实其中。绍宗国学藏书楼藏书最多时有 86000 多册古籍,其中善本不少,比较典型的有元刻本 5 部、明刻本 196 部,5000 余册,这些刻本均出自著名的官方刻书机构和有名的私人刻书家之手,反映了当时的刻书风格,多属刻书中的精品。楼中的清刻本中也不乏精品,如著名书法家林佶手书上版的《渔洋菁华录》等,质量上乘。今仍有 100 多种,4000 余册列入国家善本书目。据说绍宗国学藏书楼中还有一些手抄本也很珍贵,如敦煌石室中收藏的唐人手写经书一卷,也不知何人捐藏此楼中,此经卷虽内容不全,但时代久远,仍保持着唐代的风貌,为世罕见;另外一部清代满族词人太清春的词稿抄本,是北京词人况周颐赠送给吴寄尘 60 岁寿辰的礼物,每页用宣纸衬托,每册封面和封底用虎皮笺制成,共 4 册,装帧颇为精致。

古代的藏书风尚同样影响着现代,为进一步弘扬镇江的藏书文化,促进社会主义文化大繁荣大发展奠定了基础。2012 年 5 月至 8 月,中国阅读学研究会、中国图书馆学会藏书文化研究委员会、中国现存藏书楼联谊会、镇江市金山焦山北固山国家风景名胜区管委会、镇江历史文化名城研究会、镇江市园林局、镇江市文广新局、镇江市三国演义学会等联合主办了"文宗阁与中国藏书文化——纪念镇江文宗阁复建一周年"全国有奖征文活动,活动的开展和论文集的出版在全国阅读界、藏书界产生了良好的影响。

第四章 三山文化的精神气质

"一方水土养育一方人",区域文化昭示着本地区特有的精神气质,它有一个产生、发展、成熟、延续的脉络,而且具备一定的开放与延伸能力,即"持久性"、"延展性"或"衍生性";它不仅引领本地区文化一脉相承,还会对全国乃至世界文化产生影响。镇江三山历史上形成的文化渊源、文化传统和文化积淀,孕育出三山人独特的人文精神和气质。

第一节　兼容并包的大气

兼容并包的大气是镇江三山精神气质最显著的特点。镇江三山文化由和谐共生的多元文化组成。镇江是大江南北的交通枢纽,在文化方面呈兼容并蓄的地域特征。一是移民文化在镇江三山的融合。历史上,汉末两晋之交和晚唐两宋之交以及元明清,都有北方移民大规模南迁至镇江。镇江三山独特的地理区位,成为北方移民南迁的必经道路,形成了南北文化的一次次大融合。二是多民族文化在镇江的融合。镇江历史上为汉族居住地区,自唐开始有西域人(今回族)居住。由宋入元之后有更多民族涌入镇江,其中,有蒙古人、色目人、契丹人、女真人、满族人等,使镇江形成大杂居、小聚居的格局,各民族的文化也在镇江得到较大的融合。三是多元宗教文化的融合。东汉时期,佛教来到了镇江。在唐代经由阿拉伯人带来了伊斯兰教,镇江是中国伊斯兰教传入最早的地区之一。基督教在镇江传布的历史也很久远,元代镇江府路总管副达鲁花赤(蒙古语译意为"镇守使")马薛里吉斯在江南兴建了7座十字寺,有6座在镇江,其中2座在西津渡口的竖土山(今云台山)上。镇江被辟为商埠后,天主教和基督教(新教)在镇江设立学校、医院,以推动宗教活动。四是东西方文明在镇江融合。第二次鸦片战争以后,镇江被列为通商口岸,近代西方文明开始在镇江传播。英租界就设在金山对面的西津渡口。镇江成为通商口岸后,中外交往空间的扩大,信息传播的便捷,使其自觉不自觉地开近代文明风气之先。西津渡和金山河、运粮河一带成为镇江乃至江苏近代工商业的发源地之一。江河交汇的地理位置,塑造了镇江三山文化性格的开放性,即兼容并包的大气。

第二节　争雄图强的豪气

镇江是孙氏家族的故里,东吴霸业的发祥地。孙策、孙权兄弟均以京口为基地,开创江东,建立东吴霸业,充分揭示了三山文化建功立业、争雄图强的英雄气概。

三国以前,丹徒县西乡京口里一带在全国的地位并不特别重要。直到东汉末年,孙策使孙河屯京地、筑京城,孙权在北固山修铁瓮城,并迁治京口,这里才成为东吴政治和军事的中心。

孙策是东吴霸业的奠基人,他在东吴崛起和三国鼎立的演进过程中发挥了重要的作用。他是孙坚的长子、孙权的长兄,长得英俊潇洒。陈寿评价说:"策英气杰济,猛锐冠世,览奇取异,志陵中夏","割据江东,策之基兆也"。他曾以一旅800人的兵力跨江发展,创建了"分裂山河,宰割天下"的霸业。

孙策在丹徒被仇人暗箭射伤后,自知不久于人世,便请来张昭等人,托以后事。他说："中国方乱,夫以吴、越之众,三江之固,足以观成败。公等善相吾弟!"接着,又呼唤孙权,给他佩上印绶,叮嘱说："举江东之众,决机于两阵之间,与天下争衡,卿不如我;举贤任能,各尽其心,以保江东,我不如卿。"当天夜里,孙策去世,时年26岁。《三国演义》中有诗赞颂孙策:"独占东南地,人称小霸王。运筹如虎踞,决策似鹰扬。威震三江靖,名闻四海香。临终遗大事,专意属周郎。"孙策死后葬于镇江城南,孙权称帝后,追谥孙策为"长沙桓王"。

孙权是三国时期吴国的开国皇帝,少年时就随孙策出征江东,同孙策一样,孙权也很看重京口的战略位置,他在京城的基础上将土城改建为砖壁城,这座砖壁城,实际上是设有城防的孙权军府。

建安十三年(208年),曹操率30万大军南下,意欲扫平东吴,统一全国,东吴群臣大为恐慌,多劝孙权放弃抵抗,归顺投降。以鲁肃、周瑜为首的一班将领主战,以张昭为首的一班文臣主和。在曹操南征之际,孙权毅然迁治京口,是出于战略的需要。因为他将治所向西推进数百里至江河交汇处的京口,既有利于指挥和调动水军,也表明了迎战曹操军队南下的战略姿态。孙权从京口统军沿江西上,在柴桑(今九江)会见刘备派来的特使诸葛亮,正式结成孙刘联盟。他命令周瑜、程普为左右都督,带领部队和曹操交战。在交战中,周瑜采用了黄盖的苦肉计,迷惑曹操,使其放松了警惕,然后出奇兵偷袭,在赤壁取得了大胜,大破曹操。这便是历史上有名的以少胜多的赤壁之战。南宋镇江府学教授熊克说:"按曹操之东下也,孙仲谋自吴徙居于京,乃遣周瑜逆击,大破之。……则是役也,虽获捷于赤壁,实决机于丹徒。"孙权迁治京口(今镇江市)前后4年,建安十六年(211年)将治所西迁秣陵(今南京市),改称建业。东吴英雄拓土开疆、建功立业的壮举也成为这座城市的标杆,昭示激励着后人。北固山的三国文化内容是非常丰富的,山中的三国遗迹对后人具有相当大的影响力,陆续登山追思三国英雄豪杰的帝王将相、显官达贵、文人墨客很多,留下了许多抒写三国英雄人物故事的杰作。三国争雄图强的豪气激发了一代又一代镇江人自强不息,追求民富国强。

第三节　敢为人先的勇气

《晋阳秋》中说:"刘琨与亲旧书曰:'吾枕戈待旦,志枭逆虏,常恐祖生先吾箸鞭耳。'"刘琨在给亲旧书中说的祖生,便是东晋爱国志士祖逖。祖逖是东晋高瞻远瞩、敢闯敢干、敢为人先的英雄豪杰。

金山东麓有一座小石山,像拳头一样突起于金山河畔,若鹘之独立,所以,这座山名"鹘山"。鹘山山根的石岩上刻着清代丹徒县令庞时雍所书的"击楫中流"四个大字。南宋张孝祥在《水调歌头·闻采石战胜》中有两句充溢着爱国激情的词句:"我欲乘风去,击楫誓中流。"南宋末年,民族英雄文天祥在气壮山河的诗篇《正气歌》中也有两句慷慨激越的诗句:"或为渡江楫,慷慨吞胡羯。"他们在诗词中都讲到了"中流击楫"的爱国经典故事,这个故事就发生在东晋时期的京口的北固山和金山。中华民族的发祥地,原来在黄河流域;秦汉以后,逐渐发展到长江流域。而三国之后,北方异族崛起,不断南侵,形成了历史上所谓的"外患"。东晋以后的五个朝代,都偏安于江南,长江天堑成了南朝统治者安身立命的防线。

祖逖(266—321),字士雅,范阳遒县(今河北省涞水县)人。他是当时最识大体、最有才能、最敢于作为的杰出人物。他是个通才饱学之士,轻财好义,慷慨有节尚,常散粮食和衣服给贫困百姓,乡里宗族都很敬重他。祖逖与刘琨曾同为司州(今属河南省)主簿,两人都胸有宏图大志。他俩共被同寝,情同手足,一次半夜,祖逖听到鸡叫,就叫醒刘琨说:"此非恶声也",意思是老天在激励我们上进,于是,他们两人就到屋外,舞剑练武。时值"八王之乱",继以刘聪、刘曜入寇。祖逖半夜从床上坐起来对刘琨说:"若四海鼎沸,豪杰并起,吾与足下当相避于中原矣。"于是,祖逖率领亲党数百家,从司州南部一带迁居到京口。一路上,祖逖以所乘车马载同行老疾,自己则徒步行走,所有衣粮药物都与大家共同享用。他投奔晋元帝司马睿,仅授给他军咨祭酒的小官。建兴元年(313年),祖逖率先向朝廷要求北伐,司马睿不理会;他便带领骁健之士对司马睿说:"今遗民思奋,大王诚能命将出师,使如逖者统之,以复中原,郡国豪杰,必有望风响应者矣!"司马睿迫不得已,授予他奋威将军、豫州刺史的虚衔,给了1000人的粮食和3000匹布,要他自行募卒,制造兵器北伐。祖逖在京口召集亲党百余家,进行了短期训练,就开始渡江,在波澜壮阔的江面上,祖逖率领的北伐勇士排成了一条生龙活虎的战阵,行到中流,巨浪腾空,滚滚向东。他看到这伟大雄壮的场面,心潮起伏,不禁又激起燕赵健儿之气,随即在船上拿起一把楫来,敲击着船舷,慷慨激昂地说:"祖逖不能清中原而复济者,有如大江!"他们渡过大江,屡次击败敌军,基本收复了黄河以南的全部土地。在这大好形势下,东晋朝廷却处处制约祖逖。当祖逖看到朝廷内部争斗愈演愈烈,北伐难成时,悲愤致病,终因劳累和忧愤过度,一病不起,抱恨卒于雍丘,时年56岁。祖逖虽然逝世了,但他的北伐精神鼓舞了中国一代又一代志士。

"斜阳草树,寻常巷陌,人道寄奴曾住。想当年,金戈铁马,气吞万里如虎。"刘裕(363—422),字德舆,小名寄奴,虽然出生于平民,但他敢作敢为,有着居形胜之地、图建功立业的雄心壮志;他英勇善战,每战则"摧锋陷阵","手奋长刃,杀伤众多",显示了非凡的军事才能。他的部队,"法令严整",不侵犯百姓的财产,"所至莫不亲赖焉"。隆安五年(401年)六月,孙恩率领"战士十万,楼船千艘","鼓噪登蒜山",以图控制蒜山渡口(今西津渡)。刘裕率军日夜兼程从海盐(今浙江海盐市)赶往京口,奔袭蒜山,大破孙恩军,杀出了成就霸业的道路。他两度出师北伐,扫南燕、亡后秦,掌东晋朝纲15年,直到代晋称帝,建立刘宋王朝。唐代储光羲在《临江亭》诗中说:"此地兴王业,无如宋主贤。"范文澜在《中国通史》中说:"刘裕消灭纪纲不立、豪强横行的东晋朝,建立起比较有力的宋朝,对汉族历史是一个大的贡献。"

镇江有许多勇于开拓创新的著名科学家。祖冲之(429—500),字文远,是我国南北朝时居于世界科学之巅的巨星。他在数学、天文、机械等方面都作出了重大贡献。他的祖籍是范阳遒县(今河北省涞水县北),在西晋末年战乱中,举家迁居江南。他于宋孝武帝大明五年(461年),在宋朝皇族、南徐州(治所在今镇江市)刺史刘子鸾属下任南徐州从事史、司徒府公府参军。他的两项最重要的成就圆周率和《大明历》都是在担任南徐州刺史幕职期间完成的。据《宋书·律历志》载,南徐州从事史祖冲之上表要求颁行《大明历》。《隋书·律历志》载:"宋末,南徐州从事史祖冲之更开率法",算出了当时世界上最精确的圆周率。祖冲之的这两项重要科研成果都领先于世界。国际天文学家联合会于1967年把月球上的一座环形山命名为"祖冲之环形山";中国科学院紫金山天文台于1964年11月9日将一颗星命名为"祖冲之星"(编号为1888号)。

镇江三山还出现了一大批勇于开拓、敢作敢为的贤明官吏。唐代名相李德裕(787—850),字文饶,曾三任润州刺史。他第一次来润州时,作有《北固怀古》一诗,题在临江亭上,这首诗通过对唐代三位治行卓著的润州刺史陆象先、毕构、齐浣的缅怀,显露了他布施仁德的政治抱负。北固山甘露寺,是李德裕任润州刺史,在唐宝历年间施宅所建。当时李德裕还把自己珍藏的陆探微的名画赠送给寺里的僧人,并在寺院中亲自栽种了两棵桧树作为纪念。他在润州十多年间,励精图治,革除旧弊,从整顿民风入手,大刀阔斧禁止迷信活动,受到润州人民的称赞。为减少润州百姓的负担,他还多次上书请求皇帝罢免税赋,促进了润州的经济发展。他敢于批评朝政,劝谏君主。唐敬宗荒淫无度,不关心朝政,朝中大臣敢怒而不敢言。他在润州特地写了一组《丹扆颂》诗呈上,用以规劝皇帝。唐敬宗虽然没有完全采纳实行,但也受到触动,命学士韦处厚写了答诏,来表彰李德裕的忠心。由于李德裕在北固山的善举多,后来的人都很尊敬他,为他建立了祠堂,陈列他的事迹,并将他的诗文刻石流传。宋代范仲淹在镇江做太守时,出于对李德裕的尊崇,曾经扩建李卫公祠,将《唐书》中的《李德裕传》刻石让众人观览,他还将李德裕创作的《述梦诗四十韵》自拟序文,然后刻在石碑上。范仲淹担任镇江知府虽然只有一年多时间,但很有一番作为。他大力推广和兴办教育,举荐优秀人才从政,请求朝廷发给闲田让农人耕作,还在运河上架桥便利通行,做了不少好事,体现了一个政治家的风骨和见识。元代萨都剌在任镇江路录事司达鲁花赤3年间,以推广文教为先,曾亲书录事司堂匾为"善教",用以自勤自勉。他不惧恐吓,敢于打击社会恶势力,为民解忧除害;又平抑谷价,扶贫济困,保一方平安。清代王仁堪不畏权贵,上书反对慈禧太后挪用海军款大兴土木,修建颐和园祝寿,受到压制被外放任镇江知府。到任后,丹阳发生牵涉洋人的事件,他亲临现场稽查,不顾上司和洋人的压力,秉公执法。又自捐俸银,兴办水利,开塘2300多个,建沟、渠、闸、坝等100多个,还创办南泠书院(今镇江中学),修复中泠泉,倡导设立义塾,创立保甲制度等。这些爱民、利民举措使他深得百姓爱戴。

第四节　爱国忧民的正气

清顾祖禹《读史方舆纪要》说:"京口西接石头,东至大海,北距广陵,而金、焦障其中流,实天设之险。"因为镇江三山历来是兵家必争之地,这里的战事一直不断,涵养了无数炎黄赤子爱国忧民的浩然正气。宋恭帝德祐二年(1276年)二月二十九日,文天祥一行船至镇江时,由于候船北上,在镇江停留了10多天。18年前,他自镇江到京城临安,今天又从临安到了镇江,感慨万分,写下了《镇江》诗一首:

铁瓮出河旧,金瓯宇宙非。

昔随西日上,今见北军飞。

豪杰非无志,功名自有机。

中流怀士稚,风雨湿双扉。

文天祥被押北上时曾想到自杀,在镇江逗留期间,看到山河破碎的情景,拳拳爱国之心涌上心头,决心在镇江逃出虎口,重整军务,抗击元军。当时一位名叫余元庆的人,虽为元军管船,但心向宋朝,在他的帮助下,文天祥逃出京口,到了当时还在南宋手中的真州(今仪征)。文天祥在《脱京口》中有《谋人难》的诗:

> 一片归心似乱云,逢人时漏话三分。
>
> 当时若也私谋泄,春梦悠悠郭璞坟。

文天祥逃走的那天,从住处到渡口,历经艰难,写下了《出巷难》的诗:

> 不时徇铺路纵横,小队戎衣自出城。
>
> 天假汉儿灯一炬,旁人只道是官行。

文天祥到达港口时,船失约,余庆元终于找到了一只小舟。文天祥写下了《候船诗》:

> 待船三五立江干,眼欲穿时夜渐阑。
>
> 若使长年期不至,江流便作汨罗看。

文天祥从镇江逃出虎口后,立即投入了抗元的斗争,与陆秀夫、张世杰等人配合,屡挫元军,至元十九年(1289 年),兵败以身殉职。文天祥曾作诗赞誉镇江人民的忠义之举:

> 经营十日苦无舟,惨惨垂心泪血流。
>
> 渔父疑为神物遣,相逢扬子大江头。

镇江三山是抗击英军入侵的古战场。1840 年,英国资产阶级为了开辟国外市场,扩张侵略势力,对中国发动了战争。这次战争主要是英国资产阶级旨在维护鸦片贸易而发动的。英国全权公使璞鼎查从华北传教士的谍报中得知清政府正加紧在天津大沽口布防,而长江下游一带兵力十分空虚,他知道长江下游是中国最富庶的地区。镇江城垣,倚河临江,是"南北咽喉,七省粮道,尤为紧要之区",江南的大量漕粮和税银都要经由镇江从运河北运。为了震撼清政府,进行更大的军事讹诈,璞鼎查决定发动所谓的"扬子江战役",

西犯镇江,切断运河,扼住清政府的咽喉。1842 年 6 月 13 日英军进入长江口,溯江上审,"飞炬燔京口,扬帆指石头"。1842 年 7 月 21 日凌晨,7000 多名英国侵略军乘船舰从北固山至金山南岸登陆,穷凶极恶地向镇江城发动进攻。京口副都统海龄等率领爱国官兵,为保卫镇江,与兵力和装备占绝对优势的英国侵略军进行了七昼夜的殊死战斗,沉重打击了来犯的敌人。恩格斯在《英人对华的新远征》一文中,高度赞扬了镇江守军抵抗侵略的英雄气概:"英国人逼近镇江城的时候,才充分认识到:驻防旗兵虽然不通兵法,可是决不缺乏勇气和锐气。这些驻防旗兵总共只有 1500 人,但却殊死奋战,直到最后一人。……如果这些侵略者到处都遭到同样的抵抗,他们绝对到不了南京。"镇江古运河畔原有京口驿,内有一个皇华亭,旁边有一长排的照壁,来往官员和留宿的文人喜欢在亭内休息,谈论诗文,兴致所至时有人就挥笔在照壁上写下他们的作品。许多年过去了,长壁上也留下了不少诗,其中,以无名氏的《京口驿题壁诗十八首》最有名气,是描写鸦片战争的诗歌和弘扬爱国主义精神的杰作。诗中多警句和慷慨之言,如:"事机一再误庸臣,江海疏防失要津";"局外也知成破竹,梦中犹未觉燃薪";"元龙豪气消多少,越石忠肝郁不伸";"天险重重如此易,伤心我国太无人"。这些诗对英军的暴行和清大臣中的误国群奸进行了无情的揭露。后来有一位名叫谢兰生的南海诗人,也是一个很有民族气节和爱国心的文士,见到了照壁上的诗文,非常激动,随即抄录下来编入了《咏梅轩杂记》,从此这些题壁诗在全国范围内流传开来,又被不少描写鸦片战争的诗歌集选录,成为反映爱国文化的佳作。

镇江金山流传着林则徐与魏源相会、相谈、相托的动人故事。林则徐是中国近代史上"睁眼看世界"的第一人。他在广州焚烧英国侵略者的鸦片后,英国侵略者吓得大惊失色,向清王朝施压,要求撤办林则徐。腐败的清王朝迫于压力,将林则徐撤职查办,发配新疆伊犁。1841 年 8 月林则徐在发配途中乘船经过镇江,出了运河,舟泊金山。老和尚很尊重林则徐,得知他来金山,便迎他进寺内,烹中泠泉相待。在与老和尚交谈中,林则徐知道老友魏源也在金山,十分高兴,立刻邀见。魏源拥护林则徐的禁毒主张,力主抵抗英国侵略者,反对主和派向英帝国主义屈膝求和,当看到林则徐在广州抗击英国侵略者反遭主和派的无端迫害、诬陷，十分愤慨，决定辞归扬州定居。两人在金山不期而遇，大出所望，他们已分别六年，壮志未酬，以戴罪之身相叙，别有一番滋味在心头。两人在月色下，临窗对坐，把盏长饮，追昔抚今，万分感慨。他们披胆沥肝地交换着各种看法，林则徐倾吐了"患无已时，且他日效尤"的思念，把他在广州搜集、翻译的部分外国资料和《四洲志》手稿慎重地交给魏源，语重心长地说：这些是我多年收集的资料，原想从中汲取有益信息，上报国家，下安黎民。如今戴罪之人带这些去新疆，没有必要了。希望你能进一步充实这方面资料，研究外国情况，这些资料将来对国家是有用的。请继续编撰《海国图志》，完成我未成之业，以了心愿。林则徐和魏源彻夜长谈，不觉东方已白，但话还没说完。在依依惜别之际，魏源赋诗两首，赠给林则徐：

万感苍茫日，相逢一语无。

风雷憎蠖屈，岁月笑龙屠。

方术三年艾，河山两戒图。

乘槎天上事，商略到欧免。

聚散凭今夕，欢愁并一身，

与君宵对榻，三度雨翻萍。

去国桃千树，忧时突再薪。

不辞京口月，肝胆醉轮囷。

前一首记叙了作者与林则徐在江口初逢而万感交集、相对无言的情景，对林则徐将撰著《海国图志》的重任委托给自己而流露出深切的知遇之情。后一首是写京口惜别。记叙了刚刚欢聚又将愁散的痛苦心情，同时对林则徐接二连三地被革职贬官，直至遣戍边疆，表示了莫大的愤慨，对朝廷腐败和投降派的得势，表示深沉的忧虑；最后以知己情与京口酒相慰。

《海国图志》由魏源于 1842 年编成，该书是中国近代史上第一部提倡向西方学习科学技术、建议改革的专著。书中提供的海外世界的新知识，对后世产生了巨大影响,洋务派受此书启发办起了中国近代军事工业和民用工业。资产阶级维新派认为《海国图志》是了解西学的基础。此书于道光三十年(1850年)流传到日本,人们争相诵读,对日本的维新变革也起到了启蒙作用。

镇江三山区域有一座宋庆龄题名的伯先公园,是为纪念辛亥上将军赵声而建的纪念公园。赵声(1881—1911),字伯先,他毕业于江南陆师学堂,因不满腐败的清政府,不顾个人安危,积极宣传和组织革命活动,意在推翻清政府的统治。他在日本考察军政时结识黄兴,1909年与黄兴共谋广州起义,没有获得成功。他与孙中山会面后,被授命与黄兴再次筹划广州起义。在香港成立起义领导机构统筹部时,黄兴任部长,他任副部长;后成立起义指挥部时,他任总司令,黄兴为前敌总司令。广州起义因故被迫提前,黄兴率部孤军奋战失利,等到赵声率兵从香港赶到黄花岗时,起义已经失败。这次失败对赵声的打击很大,壮志未酬,感愤成疾,长吟一声"出师未捷身先死",泪随声下,逝于香港。孙中山任临时大总统后,追赠赵声为"上将军"。他墓前石柱上的一联"巨手劈成新世界,雄心恢复旧山河",正是对他爱国情怀的最好评价。

图4-1 伯先公园

第五节　从善如登的义气

清光绪《丹徒县志·尚义》说:镇江"承泰伯之高踪,存季子之遗意",实英贤旧址,土风淳厚,"吾乡之人,趋义恐后,从善如登,至今兵燹后,有废必举,任卹之风蒸蒸日上矣"。镇江三山濒江临海,渡口江阔浪险,惊涛骇浪,山崩雷吼。自古以来,这里拯复救溺、仁爱施济、尚义赈灾的善行不胜枚举。

在西津渡过街石塔北侧,有一幢古朴典雅的楼屋,门额上有清代镇江藉书法家茅恒题写的"救生会"三个端庄的大字,边款是:"光绪乙未冬重修。"宋代乾道年间,镇江郡守蔡洸(1120—1177),字子平,于乾道年间在西津渡设置了救生船舶五艘。明正统年间,工部侍郎周忱(1380—1453)置舰 2 艘,并招募水手 30 余人,于西津渡救生。他还亲率民工修建西津渡石堤 30 余丈,使救生船直抵江皋,方便旅客登船。明末清初,金山寺僧和邑中士绅在金山脚下设救生红船数艘。救生船船体为红色,船头挂有虎头牌,意思是奉皇帝圣旨救人,十万火急,性命关天。红船起锚驶出渡口救生时,船夫"当当当"敲起大铜锣,渡口各船都要让道。明代崇祯年间,苏北兴化人李长科捐资,僧人长镜住持建避风馆于西津渡玉山大码头,长镜的徒弟达己又增造楼宇。从此,南来北往从西津渡大码头经过的旅客有了避风待渡之所。达己率僧众还募捐增造了 10 艘救生红船,用以拯救翻船溺水之人。清康熙四十二年(1703年),京口蒋元鼎等 15 义士(一说 18 人)创办京口救生会,并制定了救生会章程。这是用于救助打捞的专设机构。雍正已讫、乾隆初年,蒋豫继承族人之志,召集乐善好施之士,全力振兴救生会,连续 7 代,计 140 多年。焦山定慧寺僧孝愉本着"救死扶伤,悲悯群生"的宗旨,在张聘之的资助下,设"焦山慈航"救生。道光和同治年间,焦山又设救生红船,救济其众。在镇江西津渡救生义举的影响下,长江流域纷纷办起了救生会,一时救生红船遍天下。

图 4-2　江上救生

　　清同治十一年(1872 年),在镇江经商的浙江余姚客商魏昌寿与族侄魏铭、同乡严宗连并上虞经元善、归安沈春辉"五君子",兴办起了"瓜镇义渡局"。义渡船每天定时往来行驶于瓜洲和镇江之间,不取穷人渡费近 80 年。自从有了这种渡船,大江南北路过镇江的旅客、商贾甚感方便。由于不收渡费,渡江的穷苦百姓、肩挑负贩、引车卖浆者,无不受惠。

　　明清之际,镇江三山还兴办多处赈饥、救灾、义学的慈善救助点,设立"惜字会"、"玉英贫儿院"等慈善机构,京口三山趋义从善,蔚然成风。

第五章　三山文化的历史贡献

在镇江 3000 年的历史发展进程中,三山区域文化对镇江经济、城市和社会发展都发挥了重大作用。铁瓮城是镇江城市的起点,镇江港口型经济和旅游经济的发端、定型、繁荣、延续都离不开三山。三山作为扼守长江与运河咽喉的江防要地,不仅对镇江军事重镇的形成起到了关键作用,对历代东南地区甚至全国安危都产生直接影响;三山既是镇江人民的精神家园,又是中华文明的传承载体;三山既属于镇江,也属于全中国和全人类。

第一节　因山为垒开名城

镇江现在城区的建城历史,可以追溯到兴平二年(195 年)前后。当时,孙策攻取曲阿、丹徒,曾派宗室孙河屯京地,筑京城。不久,孙河被叛将杀害,在这危急关头,他的只有 17 岁的侄子孙韶立即出来"收河余众,缮治京城,起楼橹,修器备以御敌",得知这一变故的孙权,为试探京口防卫情况,在夜里率领部队来到京口城下,佯装攻城。城上的守军立即传警御敌,箭如雨下,众志成城,喊杀声震天动地。看到城内防守严密,无懈可击,孙权非常高兴,从此十分器重孙韶，任命他接替死去的孙河镇守京城。当时已统一北方的曹操正在准备南下消灭东吴，完成统一大业，为了依托长江天堑，抗御曹操的进攻，孙权一直在考虑迁都问题，他觉得东吴原来的根据地苏州离长江前线较远，从战略角度衡量显得太偏了。他看到京口"当南北之要冲，控长江之下流"，进可以攻，退能够守，是一个十分理想的地方。于是经过孙河、孙韶14年的建设，孙权于建安十三年（208年）将军府自苏州迁到了京（今镇江市）。唐李白在诗中盛赞说："吴关倚北固，天险自兹设。"

孙权所筑的城池所以叫铁瓮城，元《至顺镇江志》和明《永乐镇江府志》都引唐人《润州图经》："古谓之铁瓮者，以其坚固若金城之类。"唐代的《南征记》认为："润州城如铁瓮。"宋程大昌《演繁露》也认为此城"雉堞缘冈，弯环四合……员深之形，如卓瓮"。铁瓮城龙形江影，虎踞山光。唐刘禹锡称铁瓮城："山是千重障，江为四面濠。"铁瓮城的筑城特点：一是"因山为垒"。即利用北固山南峰山势，将山体外侧改削成台阶状，然后依山加筑夯土，形成与山一体的巍峨城垣。二是"缘江为境"，城垣北临长江，"江势将天合，城门向水开"。三是"内外固以砖"，城的四垣都有砖墙，包砌于夯土之外。六朝以前，我国古代城墙都是夯筑土城，孙权筑铁瓮城开启了砖城建筑先河，在中国建城史上具有重大意义。

它的建造对镇江城市发展具有划时代的意义，在此后的1700多年间，铁瓮城从隋唐以后到明清，一直是州署、府署所在地。镇江城市的发展也都以铁瓮城为基础，自东吴修铁瓮城开始，中间经过了晋陵罗城、唐建罗城、明修府城等的历史变迁：东晋修筑的郡城以铁瓮城为子城，向东扩展到京岘山江南中学和原象山茶场一带，向南扩展到大学山，整个城池周长约5公里，面积是铁瓮城的20多倍；唐代修筑的罗城是镇江古代面积最大的城池，周长有二十六里十七步，比明清镇江城周长大一倍，面积大三倍；清代对明朝遗留下来的旧城进行了全面改造和加固，使之成为一座巍峨牢固的坚城，直到1928年民国江苏省会准备搬迁镇江而实施城市改造时才陆续拆除。由于近现代战争的毁坏，镇江城市规模日趋缩小，到1949年新中国成立时，作为江苏省会驻地的镇江城建城区只有8平方公里。新中国成立后60多年来，特别是经过改革开放30多年的快速扩张,镇江城已发展成为由"一城(主城)四区(丹徒、京口、润州、镇江新区)"组成的较大城市。2013年城市人口310万,其中市区常住人口110万,国土面积3848平方公里,市区建成区面积128平方公里。2013年镇江市抓住被国务院确立为苏南现代化示范区的机遇,制定并公布了《镇江市苏南现代化示范区建设行动纲要》,规划要求发挥产业基础较好、自然生态良好的优势,坚持创新驱动、产业兴市、生态立市、民生优先、城乡一体化发展的战略,到2020年,达到中心城区建成区面积200平方公里,市区常住人口150万人,把镇江建设成全国重要的高端装备制造、新材料产业基地和区域物流基地、技术研发基地、创意生活休闲中心,成为现代山水花园城市和旅游文化名城,以辐射带动周边地区发展。由此可见,镇江城市发展、演变的源头是东吴时期的铁瓮城,而铁瓮城就在北固山的前锋。

第二节 中流柱石保江山

镇江自古是军事重镇,长江锁钥。这里大江横陈,群山环抱,地势险峻,东面有圌山,城内有三山,它们临江依次排开,如一头头威武的雄狮、出穴的猛虎扼守着长江南岸。国家统一时期,这里是南北交通的咽喉;南北分裂时期,这里是战争的前沿阵地。唐代杜佑在中国第一部地理历史巨著《通典》中说:"京口因山为垒,缘江为镜,建邺之有京口,犹洛阳之有孟津。自孙吴以来,东南有事,以京口为襟要。"后来军事家们把京口比作金陵的门户、控扼南北的要地是有道理的。历史证明,京口固若金汤,则金陵龙盘虎踞;若京口失,则金陵亡。在三千多年的历史发展中,镇江以军事重镇闻名于世,而镇江三山作为镇江军事重镇的核心和节点,对镇江军事活动的成败有着重大影响。

镇江的兴起与三山险要的地理形势息息相关。春秋时期,吴王夫差把江南运河的出江口选在镇江,除了这里距邗沟较近以外,看中的也是三山险要的地理形势。东吴定都镇江,首先看重的是北固山的地理位置和军事价值。

从东吴定都镇江并开始大规模驻军开始,历朝历代都把镇江作为战略要地,设立高规格的军事机构并布置庞大的驻军。六朝在镇江设立刺史作为兵镇重臣,东晋驻北府兵;唐代在镇江设立浙西观察史、节度使,统帅东南地区六州军事,并驻有庞大的镇海军;宋代在镇江设立节度司、都督司、都统司等国家重要军事机构,宋徽宗曾经担任过镇江节度使统帅,因长江出海口东移,在宋开宝八年(975年),镇海军改名为镇江军,宋徽宗政和三年(1113年),把隋唐以来使用了508年的地名润州改名为镇江,从此镇江这个有明显军事意义的地名一直沿用至今。元代承袭金制,在镇江设有万户府作为最高军事机构;明代把元代的万户府改为元帅府和镇江卫指挥司;清代在镇江设立京口将军署,经都统挂镇海大将军印,统帅镇江八旗兵。

千百年来,在镇江发生的改变或者影响中国历史进程的战事、重大军事活动,有的直接发生在镇江三山区域,有的与镇江三山有直接关联。

以北固山区域为军事基地的北府兵是东晋政权建立、巩固的基本军事力量。《晋书蔡谟传》记载,北固山建楼始于东晋,徐州刺史蔡谟以此作为储备粮草军器的地方。蔡谟(281—356)在郗鉴卒后,被朝廷任命为徐州、兖州、青州(治所在京口)刺史,蔡谟之后的继任者为谢安。清代顾祖禹《读史方舆纪要》记载:"北固山,在镇江城北一里,下临长江,三面滨水,回岭斗绝,势最险固,晋蔡谟起楼其上,以贮军实。谢安复营之。"这说明在北府兵组建之前,北固山已经是镇江重要的军事要地。北府兵正式组建是东晋孝武帝太元二年(377年),谢玄以建武将军领兖州刺史出镇扬州时在南徐州(即今镇江)招募徐、兖二州流民及他们的子弟组成,由于这支军队在京口招募,南徐州简称北府,因而称为北府兵。另一种说法是,魏晋以后朝廷在地方上设都督统兵,都督的军衔称为军府。中央在授予都督军号时,常与都督战区的地理方位有关,南徐州军府简称北府,所以简称北府兵。这支军队的士兵都经过挑选,个个剽悍勇敢、习武好战而又纪律严明,作战时往往作为前锋,百战百胜,威震天下,成为东晋的精锐军队。桓温常说:"京口酒可饮,兵可使。"淝水之战中,刘牢之率领北府兵5000精锐在洛间(今安徽怀县以南的济水)大败梁成率领的前秦50000大军,梁成被斩于阵前,奠定淝水之战东晋胜利的基础。北府兵统率部设在京口,谢玄、王恭、刘牢之、刘裕等任过北府兵统率。刘裕平定孙恩、卢循起义,起兵讨桓玄,实施北伐,建立南朝宋国,依靠的军事力量主要是北府兵。因此,东晋巩固政权,南朝得以建立,北府兵都是基本的军事力量;汉文化没有中断,依靠的也是北府兵,否则面对北方少数民族的进攻,秦汉以来形成的汉文化也早被彻底破坏了,也就没有南朝时期对中华文化的大总结、大提高,更没有之后的唐宋文化的繁荣。

镇江三山发生的战事,直接关系到镇江乃至国家的安危,凡战事胜利则镇江安、国家安,反之则镇江危、国家危。如韩世忠镇江阻击战的胜利奠定南宋建立的基础,这一仗韩世忠以 8000 人抗击金兵 10 万之众,阻敌 48 日。金兀术本人在此之前是金朝渡江灭亡南宋的主要决策人物和统军元帅,经过这一战,他变成了主张与南宋划江而治的主要代表,直到他死之前,金朝再也没发动过对江南的战事,南宋也得以在江南偏安 150 多年。再如,宋元焦山之战因宋朝的失败而决定了南宋灭亡的命运。又如,鸦片战争镇江保卫战的失败改变了中国社会的性质,它是鸦片战争中的最后一战。镇江失陷后,英军陈兵南京城下,8 月 29 日,清政府与英国签订了《南京条约》,历时两年三个月的第一次鸦片战争结束,从此中国由几千年的封建社会进入了半殖民地半封建社会。

第三节　漕运咽喉护命脉

镇江城市的兴起发展与中国古代人工运河的开凿有着十分密切的关系。春秋时期,吴王夫差为北伐齐国、晋国,称霸中原,在公元前 486 年前后陆续开凿成功长江以南的丹徒水道和北方的邗沟,凸现了镇江的交通枢纽地位。秦始皇统一中国后,为加强对东南地区政治、经济的控制,在公元前 210 年东巡到了镇江,他下令凿破丹阳到丹徒的冈陇,降低坡度,减缓河水走泄,开辟新的航线,使丹徒水道的入江口由浦儿河向西迁移十余里,缩短了与江北邗沟的距离。之后,经过东吴、东晋等几个朝代的不断完善,渡运位置逐步稳定,渡运规模逐渐扩大,镇江作为南北交通的港口地位被初步确定了下来。隋开皇九年(589年),文帝杨坚统一中国。炀帝杨广为保障漕粮运输,着手大规模兴役修河,在浚凿通济渠、邗沟和永济渠后,又于大业六年(610年)十二月,"敕穿江南河,自京口至余杭八百余里"①,形成了余杭至都城大兴城(今陕西西安)的全国漕运网。"敕穿江南河"是对自京口至余杭水道的一次大规模治理,这次治理,明确了由京口入江的镇江河段是与江北运河相对接的江南运河主航道的地位,明确了京口是江南运河入江口的主要地位。从此以后,南北渡江者都以京口为通津。隋代江南运河的浚拓提高了京口在江河水运中的枢纽地位。它南北纵贯,将海河、黄河、淮河、长江、钱塘江这5条纬线方向的自然河连接起来,"自是天下利于转输",京口、扬州之间"商旅往还,船乘不绝","自扬、益、淮南至交、广、闽、中等州,公家运漕,私人商旅,舳舻相继"。②唐朝,镇江以漕运为主体的水运进入鼎盛时期。元《文献通考》说:"唐时漕运最重在京口。江淮之粟所会,是诸郡咽喉处。"唐朝继承秦汉至隋以来历代封建王朝旧制,仍将关中地区作为政治、军事、文化中心,但是关中地区的农业中心渭河平原虽称沃野,然而地少人多,粮食远不能满足朝廷和军队的需要。因此,"赋取所资,漕挽所出,军国大计,仰于江淮"。唐朝初年,经镇江港北运的漕粮主要运往唐东都(今洛阳市),入含嘉仓和京师的太仓。

　　唐高宗显庆初年(656年)以后,关中人口增加,官僚机构膨胀,朝廷为取悦人心,因人设官,谣称官员人数"车载斗量",造成"俸禄之费,岁巨亿万,徒竭府藏"。尤其府兵制崩坏,改行募兵制,由朝廷供养军队,兵农分离,兵数增多,"所费广者,全在用兵。所谓漕运,全视兵多少"。而当时西北边境又有战事,作战和驻防军队很多,需要的粮饷也多。高宗朝中后期,关中地区连年遭受自然灾害,庄稼常常颗粒无收,遍地哀鸿,急需大量粮食运往关中赈济。这时,京口港中转漕粮数量上升,当时的诗人陈子昂曾说:"即目江南、淮南诸州

---

① (宋)司马光:《资治通鉴》(卷一八一,第三册),岳麓书社1990年版,第356页。
② (唐)李吉甫:《元和郡县图志·河南道一》,清金陵书局(光绪六年版),第5卷,第7页。

租船数千艘已至巩洛,计有百余万斗。"唐代前期,社会经济有很大的发展。唐玄宗开元年间(713—741年),仓廪丰实,粮价稳定,米价一斗三四文。

唐玄宗晚年,爆发"安史之乱"。战乱破坏了关中的生产,国家军政费用和粮食更加依靠江淮,所谓"当今赋出天下,江南居十九",京口漕运中转更加繁忙。唐德宗时,"浙江东西岁运米七十五万石",这些粮食都要经京口港中转。中唐时,经京口港中转的两浙漕米已占到全国漕运量的1/4以上。唐代的漕路主要靠汴河(通济渠)沟通黄、淮运至国都。每当藩乱汴河受阻时,漕粮或改道江汉路,或改道淮颍路,或以武装护送漕船通过汴河。由于漕粮在京口港中转,润州的地方官曾多次负责武装押送。建中二年(781年)淄青、魏博两镇叛乱,徐州等地失守,漕运受阻,"人心震恐"。次年,叛乱扩大,长安城陷于异常窘困的境地。兴元元年(784年),润州刺史、镇海军节度使韩滉以500名弩手护送100艘粮船,到长安渭桥。宋《资治通鉴》说:"时关中兵荒,米斗直钱五百,及滉米至,减五之四直。"贞元二年(786年),关中大旱,唐德宗被迫将御膳减少一半,并下令宫中禁止酿酒。太仓存米仅够维持10天,唐德宗君臣陷入极度的恐慌之中。长安城中饿殍相望,军心浮动,饥饿难忍的禁军脱巾相呼于道:"拘吾于军而不给粮,吾罪人也!"朝廷命江南道以两税折纳米100万石,并要江西、湖南、鄂岳、福建等道纳米,并委托两浙节度使韩滉处置,在"航运数内送一百万石至东渭桥输纳",其余"赈给河北等诸军及行营粮料"。当韩滉运米3万斛到陕州,唐德宗李适听到这一消息,连忙到东宫对太子说:"米已至陕,吾父子得生矣!"

宋太祖赵匡胤通过"陈桥兵变"取得帝位,建立赵宋王朝。赵匡胤为防止唐末藩镇割据局面重演,以文官充任地方行政长官,集军权于一身,拥重兵于京都汴梁(今开封市)。"国家建都于汴,实就漕挽东南之利。"宋自开国以来,屡与北方辽国争战,开支浩大。宋代对江南粮米的依赖程度超过了唐代。苏轼也曾说:"两浙之富,国用所恃,岁漕都下(开封)百五十万石,其他财赋供馈不可悉数。"江南漕运咽喉京口港的漕粮通过量大大超过唐代。北宋时,东南地区运往汴京的漕粮,从宋初年输300万石,到宋真宗、仁宗年间,竟高达年700万石至800万石,不仅养活汴京的政府、军队,还供应百姓,并有一部分继续运往河北、陕西等地,以供军粮。如此规模的运输,使中国古代漕运达到鼎盛时期。镇江通漕极为繁忙,以致宋仁宗天圣年间,又开凿新河入江口(今京口闸河道),分流漕运,以减轻大京口的压力。宋代漕粮编纲运输,不仅涉及糟粮,还涉及绢布、糖、香药、钱、马、牛、羊等等。这些货物的运输,都是随粮而走。在纲运中,有一种专为皇帝服务的"花石纲"。宋徽宗赵佶和"六贼"蔡京、王黼、童贯、梁师成、朱勔、李彦之类对老百姓进行了敲骨吸髓的盘剥。朱勔主持"苏杭应奉局",搜括民间珍宝玩好和奇花异石,都从苏州装船经过镇江西津渡运过长江,送往汴梁。每 10 船组成一纲,故名"花石纲"。"花石纲"加重了人民的负担,成为梁山好汉劫取的对象和方腊起义的导火索。

南宋定都临安(今杭州),京口港的地位更加重要,不仅要把长江中游的漕粮中转到临安,还负担着把长江中游及两浙的粮饷转输到两淮的任务。南宋卢宪说:"京口当南北之要冲,控长江之下流,自六飞驻跸吴会(今杭州市),国赋所贡,军须所贡,聘介所往来,与夫蛮商蜀贾,荆湖闽广江淮之舟,凑江津,入漕渠,而径至行在(临安),所甚便利也。"[①]京口港口的作用由此可见一斑。南宋时,"两浙、江、湖岁当发米四百六十九万斛(十斗为一斛)",各路运量如下:两浙路 150 万斛,江南东路 93 万斛,江南西路 126 万斛,荆湖南路 65 万斛,荆湖北路 35 万。这些地方的粮船都必须从长江顺江下行到京口港转运入江南运河才能到达临安。镇江港除向南宋都城中转大量漕粮外,还要向两淮转输军粮。当时宋、金对峙,两淮是抗金前线。军粮来自两浙和江南东路、江南西路。南宋政府规定:"以江东之粟饷淮东,以江西之粟饷淮西",其中,江南的军粮需经镇江中转。当时运送浙米的船队齐集镇江,港口十分拥挤,为便于浙米转输两淮,镇江府曾派军队维持秩序。明清两代,每年仍要从江南向北方朝廷调运大批漕粮。漕粮运输除明永乐年间短期"仍元人之旧,参用海运"之外,其余年份多取河运。在南粮北送中,镇江港仍是漕粮中转的重要港口,漕粮仍是镇江港的大宗货源。明代,浙江及苏、松、常、镇四府岁输粮 183 万石,占漕粮总额的 45% 以上。这些漕粮,除部分由孟渎、德胜河入长

---

① (宋)卢宪:《嘉定镇江志》,清金陵刊本宣统庚戌孟夏版卷六,第 26 页。

江外,大部分要由江南运河到镇江,再由镇江港中转北上。除漕粮外,明代苏、松、常、镇、湖五府还要岁输糯米、粳米,以供皇室成员食用及百官廪禄之需,谓之"白粮",年约 20 万石,大部分也要在镇江港中转。

到了清代,镇江仍然为"杭、嘉、湖、苏、松、常六郡运河入江之道"。"京口一带运河为南北咽喉","国家岁漕东南米四百余万石赡京师,而江浙居其大半"。顺治二年(1645 年),户部奏定每岁额征漕粮 400 万石。江南漕粮必须经江南运河至镇江港中转,年运量约 240 多万石。直到道光二十一年(1841 年)九月,京口驻防副都统海龄在奏疏中仍称"京口乃七省咽喉"。清代的镇江港同前几个朝代一样,仍然是漕粮中转的要地。

一千多年来,长盛不衰的漕运对镇江政治、经济、社会发展产生了深刻的影响,推动了镇江港口型经济的发展,带来了商业、手工业、服务业的全面繁荣。到唐代,这里已成为纺织、铜镜和渔产品的重要市场。商品经济加速发展,开始成为全国商品经济最发达的地区之一,出现了拥有 1000 台织机、三四千工人的大型手工工场。经港口转运的商品遍及全国,并开辟了远销日本、东南亚地区的对外贸易。从流传下来的诗歌里,我们可以依稀看见当时的繁荣景象。晚唐大诗人杜牧曾对京口繁华有过生动的描写:"青苔寺里无鸟迹,渌水桥边多酒楼。"宋僧仲殊也有一首描写渌水桥边如画风景和热闹夜生活的词:"南徐好,桥下绿波平,画柱千年尝有鹤,垂杨三月未闻莺,行乐过清明。南北岸,花市管弦声,邀客上楼双榼酒,舣舟清夜两街灯,直上月亭亭。"清代诗人查慎行经过大运河时,描写道:"舳舻传粟三千里,灯火沿流一万家。"于树滋《瓜洲伊娄河棹歌》生动形象地记述了当时漕船过江的情景:"粮船次第出西津,一片旗帆照水滨。稳渡中流入瓜口,飞章驰驿奏枫宸。"2010 年,在镇江工地发现的宋元粮仓规模宏大,是目前大运河沿线发现的规模最大的一处仓储遗迹,为研究大运河漕运、宋元仓储设施提供了实物资料。

第四节　通商口岸拓商都

　　镇江在第二次鸦片战争中被辟为通商口岸,英国在镇江设立领事馆和租界。外国列强相继进入镇江办航运、通商贸易,民族工商业也趁势而兴。19世纪末,镇江城区便出现民族资本主义工商业。1911年的辛亥革命进一步推动了镇江的近代化进程。

　　1858年6月,清政府分别与英、法、俄、美四国签订了《天津条约》。在中英《天津条约》中,镇江被列为长江首批通商口岸之一:"除镇江一年后立口通商外,其余俟地方平靖,准将自汉口溯流至海各地,选择不逾三口,准为英船出、进货物通商之区。"咸丰十一年(1861年)正月初十,英国参赞巴夏礼同英水军提督和普以及正、副领事驾驶兵船驶抵镇江察看地形,准备设立署栈,以备通商。他们到镇江反复勘察,认定"在于镇江西门外云台山上下建造公署商栈,又择于甘露寺地方暂为副领事费笠士公署"。同年正月十四日,镇江知府代表常镇道,与巴夏礼签订镇江租界的永租契约。同年四月一日(1861年5月10日),镇江正式开埠。镇江开埠时间比汉口、九江和南京都早,成为长江下游的第一个近代通商口岸,也是由海入江后的第一商埠。

　　镇江通商之初,正是太平天国战争时期,长江江面战事不断。镇江城中的绅商和百姓不少流亡在外,港口和商业萧条、冷落,没有多少通商事务。同治三年(1864年),太平天国失败,镇江战火平息。于是,英国人迅速在云台山上建造了领事馆公署。租界内有工部局,掌握租界内的一切行政权,还设立了巡捕房等警察机构。英租界划定后,起初由英国驻沪副领事费笠士管理镇江通商交涉事务。英领事馆竣工后,即委专职领事驻镇江管理英国的通商交涉事务,并兼代法国、德国、丹麦、奥匈、瑞典、挪威等国驻镇江领事。同治二年(1863年),美国派驻沪副领事管理在镇江的通商交涉事务。同治五年(1866年),在银山门南马路建成领事馆后,美国即委派专职领事到镇江,并兼比利时、日本等国领事。

　　清咸丰十一年四月二十七日,镇江海关正式开关。镇江海关设理船厅,管理长江航政,其管理范围:东起通州(今南通)任家港,西至芜湖,长约 300公里。镇江海关除了具有其他海关对税收、航政、港务等方面的管理权外,还另有独有的管理权限。根据清政府《长江收税章程》中的规定,内江轮船只限在上海、汉口之间定期往返进行贸易,由上海海关发给内江专照即可,而外商大洋船以及划艇、风篷船等船只却不在上海报关,抵镇江时如在镇江贸易即在镇江征收税钞,如从镇江再向上行,前往九江、汉口等处,船主必须将船牌呈交镇江领事馆查收,并将舱口单呈镇江关查验。凡是外海进口经过镇江溯江上行的轮船,必须先在镇江停泊,报明镇江海关,并由镇江关查明,另发镇江护照一张,方准开行。凡有船从镇江上行,而该船既无镇江护照,又无中国牌照的,一经查出,即将该船"入官"。同样,洋商轮船在九江、汉口一带起下货物后,由上江下行出海也必须将原领护照交镇江关注销,由镇江海关查明税钞完清,各事均妥,才发给红单,准予领回船牌,让其开船出海,并由镇江关派差护送至狼山。镇江海关的管理权限和地位,在长江通商后的很长一段时间内,实际上起到了长江各埠总海关的作用。

　　日本学者滨下武志在《中国近代经济史研究》中说:镇江作为长江与京杭运河的交汇处,"是向华北贸易通道上的一大转口地,不论陆路还是水路,都处在南北交通的要地。因此,镇江自身作为消费地虽然并不拥有大规模的人口,但在沿岸贸易上却位居全国前茅"。1861 年镇江开埠通商后,成为长江中下游商贸中心城市,其转口贸易额一度为全国之最。开埠之初,镇江口岸就被清政府列为可以领取护运进口货物内运子口税单的口岸,并明确由镇江关具体办理和征收洋货内运业务的子口税。镇江关办理货物内运子口税单的业务越来越多,逐步取代和超过了国内其他通商口岸。1875 年,全国总共签发了由口岸护运货物往内地的子口税单 44085 张,其中经镇江一口签发的就有 13036 张,货物价值达 3305037 海关两,"占汉口、九江、上海、宁波、福州之首位"[①]。1880 年,在通商口岸与中国内地之间,领有条约规定的子口税的内

――――――――――

① 张立主编:《镇江交通史》,人民交通出版社 1989 年版,第 167 页。

运及外运商品的总价值为 14826046 海关两,其中内运总价值为 12384402 海关两,而镇江一口的子口贸易总值就达 3120038 海关两,内运贸易额达 2922652 海关两,分别占全国通商口岸总额的 21% 和 22.8%。从 19 世纪 70 年代到 19 世纪末,镇江一度成为办理洋货内运子口税业务的最大口岸。

由镇江海关办理,运往内地倾销的外国商品中,以食糖、棉布等为大宗。如 1875 年,全国共计进口洋糖 654625 担,有 403566 担是以子口税单运入内地的,运往镇江一埠的就占了一半;棉布的内运也为"惊人的销量"。1886 年,从镇江运往内地办理子口单的进口洋货中,小商品就有 800 种之多。在镇江获得转口证被输送到内地的商品去向,按照省别来分,江苏省、安徽省最多,其次是山东、河南、江西、湖北、湖南,共有 7 个省份。1868 年至 1881 年间,镇江进口商品运送目的地江苏省有 57 个,安徽省有 49 个,山东省有 27 个,江西省有 8 个,河南省有 18 个。1871 年,镇江获得转口证输送到内地的商品,运送目的地达 237 个。镇江近代城市发展的动力首先是港口的建设。

镇江辟为商埠后,按照不平等条约的规定,咸丰十一年(1861 年),英商宝顺洋行在镇江设立代理点。据《续丹徒县志》记载:"先后在镇江插足的外国洋行共达十八家,洋人一百六十七人。"外国洋行基本垄断了镇江的航运业,并插足于镇江深远广袤的经济腹地。镇江很快成为长江中下游进出口商品的集散中心,经济快速崛起,转口商业兴盛,金融业快速发展,茶楼、旅馆、饭店剧增。镇江在外商进入后,城市功能实现了"突变式"转型,很快成为贸易口岸城市。

同治年间,镇江城外英租界内建成 4 条干道,路宽 8 米至 10 米,其中大马路(今迎江路)、二马路、三马路(今已封闭)为沥青路,四马路(今长江路至迎江路口段)为片石路,在修建道路时,埋没了混凝土管下水道。这是镇江近代道路建设的开始。1912 年,英工部局在租界内建设的自来水厂是镇江首个自来水工程,除供应租界内用水外,还于租界附近各栅口设水龙头向居民出售自来水。英租界的建设推动了镇江近代城市化的进程。租界当局虽然不能与政府的概念等同,但由于不平等条约的规定,其实际职能与一般市政府的权力相仿,甚至更大。租界当局代表外商利益,按照他们的意志建造一个符合西方生活水准的社区,享受其本国已有的现代物质文明,如城市基础设施基本做到了超前施工,注重城市规划和建筑设计,在这方面,镇江无疑走在了国内许多城市的前列。

沿江港口是支撑镇江商埠的杠杆。航运码头、洋行、批发行栈集中在沿江一带。昔日的江滩,迅速变成码头林立、建筑华丽、马路纵横、灯红酒绿的繁华世界。沿江地带洋商云集,洋楼栉比,"银山上下,滨江一带,遂成洋市",呈现出了殖民经济的畸形繁荣。西方近代文明通过通商口岸渗入到镇江。1866年,为各国侨民办理邮寄业务的邮务办事处成立,它是中国最早设立的3个邮政机构之一。其他诸如近代建筑、近代马路以及自来水等近代公共事业等都给镇江近代城市化进程带来直接影响。镇江的轮航业、轻工纺织业以及电报业、邮政业、电气照明等城市公用事业的兴起和发展,在江苏乃至全国都比较早。

镇江开埠时间早于汉口、九江,也早于南京,经营长江航运的外国航运企业蜂拥而至,抢占镇江港口,开辟航运和贸易市场。镇江经济腹地迅速扩展,商贸网络逐渐形成,这不仅改变了镇江以往缺少高层次市场和没有可与国外市场直接联系的进出口市场的状况,更改变了镇江传统市场流通层次低、流向单一的特点。镇江迅速崛起,一度成为全国通商口岸中转口贸易额最大的商埠城市。当时镇江的京广杂货、丝绸、油麻、木柴以及煤、火油、铁矿产品等物资的批发贸易,在全国占有重要地位。外国资本主义的入侵,基本垄断了镇江港的航运业和商贸市场,一方面压抑和破坏了镇江的民族航运业和民族工商业,另一方面也刺激了镇江民族资本主义经济的发展。"侵略的西方"与"先进的西方"在这里产生了双重社会效应:既激起国人对侵略的仇恨,也激发了国人实业救国的雄心。

外国轮运业侵入中国,使中国民族轮运业,尤其是木帆船运输业遭到沉重打击。同治十一年(1872年),洋务派首领直隶总督李鸿章与两江总督沈葆桢向清廷奏称:"制造轮船为富国便商之要务。"同治十一年十二月十六日(1873年1月14日),总办轮船招商局在上海成立。同年,招商局镇江分局成立,并建成5000吨级码头一座。招商局轮船永宁号首航长江申汉线,7月11

日停靠镇江港。招商局成立后,即与美商旗昌轮船公司展开竞争。光绪三年(1877 年),美国旗昌公司因亏损严重,被迫以 222 万两银价将 16 艘江轮及长江航线上的全部码头设施盘给招商局。光绪二十四年(1898 年),镇江立生小轮公司、丰和小轮公司、顺昌和记轮船公司先后开业,其后瑞丰、丰源康、立丰、华达、大同、天泰等民营小轮公司相继成立。1910 年,国营小招商局成立,华商内河小轮得以逐步发展。仓库堆栈迅速发展,如广帮成隆号一家就有堆栈 20 多处。光绪三十二年(1906 年),镇江招商局内河轮船公司委员朱冯寿禀陈农工商部,请求对华船"因势利导,拟请创设商船公会,照定章程,联络商情,保持航业,劝集各帮船户,愿挂华旗者,发给船旗、牌照,一律均归公会保护",并拟办法 8 条,请农工商部审核颁布。农工商部经与南、北洋大臣咨商,接受了朱冯寿的建议,拟订《商船公会简明章程》18 条,于光绪三十二年二月二十一日颁布,这是中国最早的商船公会组织章程。同年十月二十八日,江苏商船公会在镇江成立,由朱冯寿担任总理,这是在农工商部领导和支持下设立的航业组织,其任务是:"保护、整顿中国航业",它统管轮船、木帆船,兼办航政管理事项。在镇江成立的江苏商船公会是中国近代第一个航业组织。江苏商船公会在镇江成立后,就动员镇江的小轮业和木帆船主参加公会,悬挂中国船旗,颁发清政府农工商部规定的船牌和执照,还为受到关卡留难及地方差役勒索的船只出面斡旋,在一定程度上发挥了保护民族航运业的作用,对镇江航运事业的发展起到了促进作用。

历史上,镇江的手工业比较发达。南朝宋时酿酒业、铸造业就已经相当出名。唐宋时造船业和土贡绸缎生产已经很发达。清代,镇江的港口经济进一步发展,成为大宗商品中转和集散的"银码头",恰如康熙《镇江府志》所说:"京口为舟车络绎之冲,四方商贾群荟而错,转移百物,以通有无。"晚清最盛时,镇江有米厂 40 多家,大小粮号近百号。镇江辟为商埠后,一度成为长江下游最大的米市、木市和煤市之一。苏、杭、湖地区的丝绸,松、嘉、锡等地区的布匹需经镇江港转销两湖、直鲁和西北地区。镇江经营丝绸批发和零售的绸布店、绸庄即有 90 多家。宣统二年(1910 年),在南洋劝业会上,镇江生产的丝获超等奖,一正斋膏药、花素宁绸、茧等获优等奖,文明花纱和碧螺春茶等获金牌奖,无芒籼稻、红白包米、百花酒、花素布等获银牌奖。镇江醋更是早就驰名于世,苏东坡与黄粤古品尝金山寺住持佛印所酿桃花醋的故事传遍海内外。道光二十年(1840 年),镇江开设朱恒顺酱园,所制京江滴醋曾获南洋劝业会金牌奖。京江肴蹄也是当时的名产,是在大菜"烹猪"和"水晶冷淘"基础上发展起来的风味菜,小说《金屋梦》就写到在金山寺吃肴蹄的故事。清代镇江的造船业、铁钉业、油麻业、织绸业、印刷业、酿酒业等也远近闻名。

镇江辟为商埠后,进入了新的长江航运时期,成为长江下游的通商大埠。日本学者滨下武志在《中国近代经济史研究》中说:"1858 年由于《天津条约》港口开放,之后,镇江与汉口共同成为扬子江贸易的中心。到 19 世纪 80 年代,在沿岸贸易港口中(在内地运送量的方面),镇江成为超过广东,仅次于上海、天津、汉口的港口城市。"便利的交通条件吸引了国内南北各帮客商纷至交易;本地行栈商号业也趁势发展兴盛,逐步形成了一度领跑江苏近代商贸的五大行业。

江广业。因经营范围广,资金雄厚,成为当时镇江最大的行业,主要经营糖与北货,其次是洪油与麻、香、南货等。因为业务广,行号与从业者很多,民国十九年(1930 年)组织同业公会时,分组为南北杂货与糖香油麻两个公会。镇江作为江广业的贸易中心,光绪三十二年(1906 年)前后,北货年销量合纹银 2000 万两,其中出口占 50%以上;糖年销量达 27000 余万斤,其中国糖占 54%。在鼎盛时期的 20 多年间,除直接经营门市的 20 多家以及专营代客买卖的很多行家不计外,其兼营糖、北货的大行栈,资本在白银 10 万两以上的达 30 多家。洪油是桐油中的上品,油、麻是造船业的必需品。镇江油、麻行号达 30 多家,除外销外,年销或转输洪油 20 余万桶,麻年销 4 至 5 万担。

江绸业。江绸指京江绸,其历史可追溯到唐宋时期,是镇江传统手工业,主要有线绉、缣丝、官纱等品种。除了畅销国内,还远销俄国、印度、南洋和朝鲜,其中,专为朝鲜织的"朝鲜披风"料,就达每年 40 万件。清末 11 年间,为生产巅峰期,年销达 27 万匹,约合白银 450 万两。镇江从事织绸的机户达千余户,织机 3000 多台,加上车房、染坊等工人约 17000 余人,以络丝为家庭副业的妇女 2000 余人,再加上绸庄职工、从业人员,直接依靠江绸业为生者不下 2

万户。太平天国至光绪末叶的三四十年间，实力雄厚的绸号有陶、毛、陈、蔡四大家。毛氏在辛亥后分家时，单现金就达白银40万两。

木材业。 镇江鲇鱼套，西自龙门口，东至王家港，长达5公里多，港阔水深，外有芦滩屏掩，无风浪之险，是长江各省木材汇聚市场。客商最多的是临江帮、湖南帮、湖北帮、江西帮、安徽帮、陇南帮，停泊船只常以千计。太平天国失败后，曾国藩为恢复南京繁荣，强令木排停泊南京上新河，镇江鲇鱼套木业一度受创。但因南京上新河木业市场销路不畅，各路木排又重新汇聚镇江鲇鱼套以及金山以东的新河西岸木业市场。光绪末年，镇江木业年营业额约近白银200万两。

绸布业。 鸦片战争前，镇江绸缎店、布店各为一业。绸缎货源是苏杭与本地江绸，布则来自苏、淞、虞，除销售本地外，苏北及鲁、晋、豫、皖、冀五省客商多来镇江采购。鸦片战争后，镇江绸布业到沪引入洋货，于是，绸、布、洋货三业共存，镇江绸业公所（景福堂）、布业公所、洋货公所先后成立，年营业额达白银500万两。

钱庄业。 镇江开埠后，南北商品进出口大增，金融活动日趋活跃，"百业之首"的钱庄业应运而生。光绪十七年（1891年），镇江钱业公所（铺宜堂）成立。光绪十九年（1893年），邑人马建忠以10万两白银作资本，在日新街开办元同钱庄。到光绪三十二年（1906年），大钱庄达32家，总资金超过30万两。同业间共同商定业务规章、账务制度和同业信约。镇江各钱庄最重信用，互相协调、顾全大局，每天上午派人到公所"轧公单"，互相调拨头寸，互相磋商，当场拍板，然后各自回庄转账，所谓"一句话算数"。镇江钱庄的信用，不仅在本地同行、他业往来如此，对外地汇划，近则苏南苏北，远及全国多个城市的金融界都是如此，因此，大家对镇江钱庄信用都有很高评价，尤其在上海金融界，更是有口皆碑。镇江各钱庄驻沪庄客集中在上海福州路润昌栈，各庄都开润昌栈票，共同负责，数十年如一日。上海中外厂商、银行对润昌栈所出票据非常信任，可用作出贷、转账，从无退票之事。镇江钱庄放款对象，除本地及苏北淮河流域外，远及鲁、皖、鄂、豫等省，放款金额最高时达白银1500万两以上。镇江钱庄业以其信用和实力，在外省市享有"无镇不成庄"的美誉，涌现不少金融名人,如在沪的倪远甫、陈光甫、唐寿民等,在镇江的李锡纯、陆小波、严惠宇等,清朝大清银行董事长严炳生及其子严菊甫也是镇江人。

五业兴盛,带动了各业发展。镇江开埠前,苏北及淮河产区大宗米粮,原在邵伯、仙女庙、高邮三地贸易。开埠后,江海大轮开通,沿海几省粮商纷纷来镇江设庄收购米麦杂粮,因而苏北三地的米粮交易大都转来镇江。同治五年(1866年),镇江成立米业公所,成为长江下游的重要米市。

镇江逐步成为进出口和国内转运重要港口后,各路客商云集,供住宿、堆货、互通信息、促进商贸的会馆纷纷建立,如豫、冀、鲁、晋、皖北五省会馆、福建会馆、古闽会馆、广东会馆、广肇公所、江西会馆、庐州会馆、全浙会馆等,据不完全统计有60多处,涉及12个省、40多个行业。镇江的旅馆、浴室、茶坊、酒楼、戏剧、曲艺等各业也随之兴旺,遍及城市大街小巷。同治十二年(1873年)建立的同乐园戏院,可容1700人观剧。民族工商业的兴起和发展,促进了"亲商利民"风气的形成,城市出现了"招商街"、"利商街"、"利群巷"等。许多街巷还以经营门类命名,如鱼巷(鱼市)、打索街(缆索行)、柴炭巷(木炭行)、戥儿巷(秤行)、布业公所巷(布业)、皮坊巷(皮革)、篾篮巷(编织业)、盆汤巷(浴室业)、水炉巷(水炉业)、染坊巷(印染业)、邮局巷(邮政)等。

镇江三山地域,一度成为江苏近代工业的开启地之一。在整个19世纪后半叶,中国经济发展的主要热点一直在通商贸易方面,工业发展由于资金不足,处于"贫血"状态,直到20世纪初,中国近代工业才初具规模。据统计,从光绪二十一年(1895年)到宣统三年(1911年)间,江苏各地兴办的资本金在5万两白银以上的工商企业有115家。他们的杰出代表有李维元办的永利丝厂,张勤夫办的大纶丝厂。光绪二十年(1894年),甲午战争失败后,在朝野上下"设厂自救"的呼声中,新兴的民族资产阶级投资设厂,揭开江苏近代工业发展的序幕。这年前后,扬州盐商李维元在镇江西津渡附近的金山河东侧创建四经丝厂(后改名永利丝厂),张勤夫也于小码头西津坊建成大纶丝厂,两厂资本额各白银15万两。李维元和张勤夫是镇江也是江苏近代工业的先驱之一。镇江较早的工厂还有合兴面粉厂、开成笔铅罐厂、镇江大照电灯公司、镇江同茂永蛋厂、镇泰榨油厂、镇江造纸厂、义生火柴厂等。

　　民国成立后,以孙中山为首的资产阶级革命派大力倡导实业兴国,南京临时政府颁布了一系列保护和奖励民族工商业的政策、法令,鼓励工商实业的发展,一时"有志于实业者项背相望",镇江也出现了兴办实业的高潮。光绪三十一年(1905年)成立的镇江商会为发展民族工商业积极筹划,成效显著。自20世纪20年代开始,镇江工贸、金融各行业都有较快发展,新办了一批企业,其中荧昌火柴厂有职工600多人,大源机器油饼厂有职工450人,年产豆饼79万余公斤,所产豆饼曾获江苏省第一次地方物品展览会一等奖。

　　镇江是中国近代邮电业的发源地之一,中国近代邮政在第二次鸦片战争后试办于海关。同治五年(1866年),中国海关总税务司赫德在北京、天津、镇江、上海四处海关内首先附设邮务办事处,承办外国使馆和侨民的邮件传递。光绪四年(1878年)又在海关内附设书信馆,将邮政对外开放,开辟了天津至北京、天津至牛庄、天津至镇江的骑差邮路,贴用大龙邮票,津镇骑差邮路是我国第一条长途邮路。光绪二十二年(1896年),清政府正式成立独立运营的大清邮政总局,在全国设立24个邮政大局,镇江邮政局即为其一。此外,在城内堰头街及城外柴炭巷内还分设邮政支局。近代电信业也于19世纪70年代引进中国,镇江也是最早得益的商埠之一。光绪六年(1880年),李鸿章在天津设立电报总局,次年年底,开始通报营业。天津电报总局下设天津紫竹林、大沽口、济宁、清江(淮阴)、镇江、苏州、上海电报分局。光绪年间又陆续开办镇江至南京、镇江至汉口等地的沿江电报业务。

　　光绪三十四年(1908年)后,沪宁、津浦铁路相继通车,货物流向发生变化,镇江商贸腹地相应缩小,又因镇江老港水域淤浅,水运中转优势削弱,镇江商品集散地地位有所下降。1937年12月镇江沦陷,侵华日军纵火10天,焚毁房屋万余间,屠杀平民万余人,镇江工商业损失惨重。海关、码头全部被日伪军控制。1939年,日本在镇江设有三井、三菱、大丸、志田等洋行30余家,垄断市场。镇江原有的民营汽车公司被迫撤离镇江,银行先后停业,面粉公司和火柴厂为日本人经营,大照电气公司被日伪华中水电公司吞并,大部分工厂均告歇业。镇江的近代工商业遭受了重创。

第五节　文化旅游开先河

魏晋南北朝时期是中国旅游文化的形成期。早在南朝时,京口三山就首开了文化旅游的先河。

南朝宋时,颜延之、谢灵运和鲍照在中国诗歌史上被称为"元嘉三大家"。他们作诗:"俪采百字之偶,争价一句之奇,情必相貌以写物,辞必穷力而追新。"诗文之美,冠绝当时。这三位大家都曾先后在京口侍驾巡游,留下了歌颂镇江三山的佳作。

京口是南朝宋武帝刘裕的出生地和发祥地。西晋末年北方动乱,他的祖父刘混渡江居晋陵郡丹徒县京口里,官至武源令。刘裕出生在京口,故居在寿丘山(今镇江市江苏大学梦溪校区)下。刘裕出生后不久,母亲病故,父亲无法养育,由其叔母断了自己孩子的奶而单独哺他,因此起了乳名叫寄奴。他在少年时期,靠耕种、渔樵和贩卖草履为生。因为他的故居和祖茔都在京口,后来他做了皇帝,便时常"衣锦还乡",与家人到京口祭祖,到故居参观他贫穷时穿的衣袄和耕田农具,要他们不要忘本。

刘裕逝世后,其子宋文帝刘义隆为了瞻仰父亲的功业,经常率领群臣行幸京口,拜谒京陵。元嘉四年二月,刘义隆拜谒祖陵后,还游览了北固山。时任文学侍从的谢灵运奉命写了《从游京口北固应诏诗》:"鸣笳发春渚,税銮登山椒。张组眺倒景,列筵瞩归潮。远岩映兰薄,白日丽江皋。原隰夷绿柳,墟囿散红桃。"诗歌描绘了北固山的美丽风光和游览盛况,也抒发了自己最终想归隐林巢,纵情山水的思绪。这篇诗作后来被梁武帝太子萧统选编入了《文选》。

金山对面的蒜山,风光秀丽,曾是刘裕击破孙恩的古战场和军事渡口。宋文帝刘义隆到京口祭祖,不忘游览蒜山,凭吊胜迹。元嘉二十六年(449 年)初春,宋文帝刘义隆"驾幸丹徒",他还专门下了一道诏书说:"朕违北京(今镇江市)二十余载,虽云密迩,瞻涂莫从。今因四表无尘,时和岁稔,复获拜奉旧茔,展罔极之思,飨谯故老,申追远之怀。固以义兼于桑梓,情加于过沛,永言慷慨,感慰实深……"他"大赦天下",蠲免所有巡游经过县的田租,奖励官员,抚恤阵亡将士之家;派遣使者巡访百姓,了解他们的疾苦;对孤老、鳏寡、六疾不能自己劳动生存的,每人赐谷五斛。刘义隆这次返乡,还特地巡游了蒜山。文学家颜延之随侍巡游,写下了《车驾幸京口侍游蒜山作》的诗。因为他们的车驾从蒜山渡(今西津渡)水路出发回京师,故诗中发出了"元天高北列,日观临东溟","春江风涛壮","兰野茂秭英"的赞叹。这首诗歌后来也被梁武帝太子萧统选编入了《文选》。刘义隆蒜山之游,"龙心大悦",又下诏书说:"京口肇祥自古,著符近代,衿带江山,表里华甸,经涂四达,利尽淮海,城邑高明,土风淳壹,苞总形胜,实唯名都。故能光宅灵心,克昌帝业。……皇基旧乡,地兼蓄重,宜令殷阜。"他命令各州将乐于迁移的百姓数千家迁至京口,给以田宅,并减免其田租,以促进京口的发展。

宋武帝刘裕临终时在遗诏中对刘义隆说:"京口要地,去都密迩,非宗室近戚不得居之。"元嘉二十六年(449年)十月,刘义隆特命次子征北将军始兴王刘濬为南徐、兖二州刺史,出镇京口。南朝宋诗人鲍照随刘濬来京口赴任。刘濬(?—453),字休明,少好文籍,姿质端妍。出镇京口时,听将文武2000人随从,四处游览登眺,甚为得意。他在游览蒜山时,特命担任国郎之职的鲍照写诗,才华横溢的鲍照欣然命笔,写下了《蒜山被始兴王命作》的诗,这首诗灵动地描绘了蒜山和蒜山渡口的美丽风光。"旅游媚年春,年春媚游人",中国第一个提出旅游名词的南朝文学家沈约也在京口旅游,眺览"洞野属沧溟","日映青丘岛"的美景,并写出了《循役未方道路》的诗作。

谢灵运、颜延之、鲍照三诗人侍游北固和蒜山的诗,对后世影响很大。清代沈德潜(1573—1769),字确士,号归愚,长洲(今江苏省吴县市)人,乾隆四年(1739年)进士,授编修,他博学多才,精于韵律,深受乾隆帝赏识,誉为"老名士",官至内阁大学士,兼礼部侍郎。他就十分喜欢谢灵运、颜延之和鲍照这三人的诗,称他们为"京口三诗人"。他与镇江文人往来十分频繁,尤其与镇江诗人余京、鲍皋、张曾关系最为密切,常与他们一起游览、考察,相互唱酬,有时竟流连忘返。沈德潜少年时代读《文选》时,便熟记了谢灵运和颜延之写蒜山的诗。后来,他屡次经过京口,都想看一看诗中所写的那座美丽而又神秘的蒜山,却始终未能如愿。康熙五十七年(1718 年),他专门走访了当地的老百姓,老百姓都指着长江边上一堆高约三四丈、占地面积约五六平方丈"石芒硝立,不可攀登"的石碛说,那就是蒜山。沈德潜大失所望,心中堆积起一簇簇疑团:颜、谢笔下的蒜山难道就是这样一堆毫不起眼的石碛?他找志书来考证,可书上也和百姓说的几乎一样。他还是不相信,又查考晋史,史书中确凿记叙了"孙恩驱十万众据蒜山,刘裕击之坠岩下,以长刀斫敌破贼于此"的史实。他认为,"以情事度之,必无驱十万众据一石碛者",他还想到苏轼曾有诗说:"蒜山大有闲田地,招此无家一房客",就自己所看到的石碛,怎么能说"大有闲田地"呢?第二年春天,他与诗友余京一起游览西津渡畔的银山。到了半山之上,他俩借草而坐,俯瞰镇江的城池,面对奔腾千里的浩浩长江,沈德潜觉得西津渡畔的银山虽无奇峰危嶂、深涧绝壑之观,但是山势雄伟,人站在山上,可以看见三山云树,环翠如屏;长江汹涌,风帆隐现;镇江城堞楼橹,烟火十余万家,无不近在眼前。这座山雄踞江滨,与金、焦、北固三山相对峙,却不见于古书,心里又增加了一簇疑团,就问余京。余京说:"我们身下的这座银山就是古代所谓的蒜山。古有蒜山,而无银山。因为蒜山与金山相对,老百姓便称其为银山,还将旁边的一座山称为玉山,而将蒜山之名,给了江滨那个石碛。"沈德潜听了恍然大悟。他拉余京起身爬上山巅,观察地形,觉得这座山广阔平坦,多土少石,与刘祯《京口记》所云"蒜山无峰岭者"合,于是,他们认定银山便是蒜山。为此,沈德潜还专门写了《蒜山考》。后来,他曾写《怀南徐诸子》诗,回忆在镇江结伴旅游的快乐生活:"海岳庵前结古欢,临来每忆旧诗坛。百年身世知音几,两地关河会面难。南国霜清吴苑晚,西津木落大江寒。何时更踏三山顶,万里登临眼界宽。"

第六章　谱写三山文化新篇章

　　2020 年,一个充满希望和挑战的年代,一个重新规划世界格局和资源组合的年代,一个需要远见卓识和创新战略的年代。镇江三山如何发展定位,如何挖掘文化资源,增强文化创造力,加大文化影响力,以特色驱动求发展,以优势主导求发展,以生态化开发求发展,构建镇江文化旅游各层次的产业化开发模式,包括文化旅游的资源转化模式、文化旅游产品的开发模式、文化旅游产业的连锁经营模式以及文化旅游资源的生态化开发模式等,所有这些无疑是镇江人要深入思考和不断探索的新的重要课题,需要具有国际视野和前瞻思考的大智慧。改革开放 30 多年的实践让镇江人深刻认识到,镇江应该发挥自然禀赋和人文渊薮的独特优势,扬长避短,建设山水镇江、生态镇江、文化镇江、旅游镇江,在产业转型升级中,走出一条契合自身特点、可持续发展的道路。

第一节　三山文化的发展定位

　　镇江在新一轮的旅游业发展总体规划中,明确提出将镇江建成"现代山水花园城市,国际旅游文化名城"的战略目标。文化是一个地方的灵魂,它的发展必须和一定的产业形态结合才能发挥其应有的价值。镇江三山要在城市发展中发挥强大的引擎和示范作用,就必须将文化发展放在突出位置,使文化与旅游结合,内修外联,整合资源;必须制定面向 2020 年的三山文化发展规划,制定新的发展目标,确立新的发展战略,走高端的综合的集约式发展道路。新时期,镇江三山文化的发展定位,应该从镇江三山在参与长三角、全国乃至全球文化竞争中担当的角色这个方面来谋划。经过专家们论证,镇江三山文化的发展目标确定为:在近期,将镇江三山建设成全国著名的滨江风景名胜区和旅游产业集聚区;中远期,把镇江三山打造成万里长江最美的城市港湾,建成长三角地区创新型旅游产业示范区、国家级文化创新休闲旅游区和国际知名的文化休闲旅游目的地。

镇江三山文化发展的品质目标为:全面形成以爱情山、禅修地、古津渡、风光河、音乐岛、特色街、花月夜、生态岛、故事园为特征的旅游内涵,建成山水花园式立体生态旅游休闲新空间,提升国际旅游文化名城影响力;将镇江三山深厚的文化底蕴与山水景观、现代化山水花园城市相互交融,浑然一体,使镇江三山成为世界了解中国江南名城的重要窗口。

为实现上述发展目标,镇江三山正着力提升其发展战略:

江山联动战略。江山洲岛是镇江三山风景名胜区最具特色的优质旅游资源。古人说:"山不在高,有仙则名;水不在深,有龙则灵。"镇江三山所在的水是大江之水,大河之水,山不大不高,但山清水秀,山水相雄,素有"大江风貌"、"天下第一江山"之称。名山胜水,唯此为奇特。南朝齐梁时,陶弘景说:"山川之美,古来共谈。"孔子说:"智者乐水,仁者乐山。"江山联动发展作用的发挥与否决定着三山旅游的成败。镇江三山要不断开掘江山文化内涵,抓住江山相雄、江山相映、江山相辉的特征,演绎江山之变、江山之恋、江山之乐的动人之处,打造游客喜闻乐见的山水旅游精品。

文化活化战略。镇江三山文化底蕴深厚,文化遗产众多。实现镇江三山文化旅游的跨越发展,缺乏的不是资源,而是开发文化旅游的创新思维和资源的转化突破。在严格保护好文物古迹和文化遗产的前提下,要观念开放、思路开放、手段开放,要使遗产活化,使资本活化,使市场活化;避免文化资源"书本化"、"静态化"、"博物馆化",避免出现"捧着金碗讨饭吃"的窘境。打造三山文化产业,就是要把封存在历史时空中绚丽斑斓、瑰丽无比的三山文化,从历史中请出来,从故纸堆中找出来,让它们在现实中活起来,变成可视可读、可歌可泣、可娱可乐、可享可用的文化产品、旅游产品和经济产品,并以此产生巨大的文化效应和经济效应,形成三山的特色支柱产业和旅游品牌,从而打造镇江三山的国际知名度。要达到这样的目标,需要用"文化之手"挽"商贸之手",将"传统之手"拉"现代之手",换"过去之手"为"未来之手",将资源活化为产品,找准自身的优势突破口,根据市场需要,进行规模性开发。这里的"活化",是文化旅游产业发展过程中起画龙点睛作用的一个重要环节。只有善于"活化",善于借题发挥、小题大做、妙笔生花、点石成金,才能使"久卧不起"、"长眠地下"的"历史老人"焕发活力,变得青春年少,美丽俊俏,才能使文物资源"经济重生",使遗产经济实现爆发式增长,才能打造成特色文化精品,铸造文化品牌,使遗产经济实现爆发式增长。

区域统筹战略。将镇江区域当作一个大景区,激发城市发展活力,促进城乡旅游一体化发展,实现品牌旅游与品牌城市的结合,最终实现三山与城市共兴的目标。文化资源的生成和发展是动态的过程,是在特定的历史时期和地理环境下形成的,它的空间分布与现有行政区划有很大的不一致,具有线状和面状的分布特点。因此,必须打破行政界线,对同一内容的文化资源进行有机组合,包括资源筛选与等级划分、地域组合与品牌优化。要精选一批高品质的文化资源,充分利用资源的整合优势,寻找更大空间的区域统筹,将它们联合成一个协作整体。通过广泛的区域合作、客源共享与市场共拓,实现旅游经济的持续高效发展。

产业联动战略。旅游产品的消费与一般商品的消费不同,它们的区别在于产生空间位移的是消费者而非产品本身。旅游的过程不只是旅游者在旅游景区的游览过程,还涵盖旅游者离开出发地再回到出发地的整个过程。能否给旅游者提供全程舒适的服务,取决于文化旅游品质的高低,而文化旅游比观光旅游有更高的要求,因为文化旅游是社会生产力水平和旅游业发展到一定阶段才出现的,游客的文化素质和消费水平一般较观光游客要高,他们的旅游过程更注重心灵陶冶和服务享受。旅游业是一项劳动密集型行业,为旅游者直接提供物质、文化、信息、人力、智力、金融等服务,不但包括第三产业的许多行业和部门,还包括与旅游业密切相关、为旅游业提供物质或非物质支撑的第一产业和第二产业的行业和部门。因此,文化旅游产业的发展,一方面依靠加大基础设施的投入,培养旅游人才,提高服务质量;另一方面,必须实现和相关产业的联动、融合,博采各行各业的旅游元素,提升旅游业与其他产业的关联度,共同构成产业集群。

国际接轨战略。从国际竞争的角度看,一个国家能真正参与国际竞争的,实际上是城市群。城市群成为国家参与全球竞争与国际分工的基本地域单元,它的发展深刻影响着国家的国际竞争力,影响一个国家城市化发展的水平和质量,对国家经济持续稳定发展具有重大意义。以上海、南京、杭州为代表的长三角地区的旅游业具备了经济、地域、政策、人文等诸多优势,我们要善于借势发力,联手长三角城市,吸引国际著名的文化、旅游组织来三山开展业务,不要怕"外来户"、"舶来品"冲淡本地的文化传统;要吸引经营国际文化艺术的跨国公司、大师和代表性人物来三山设置、创立、经营文化设施、创意机构和文化品牌;要吸引周边城市来三山设立各种文化研发、推介机构和文旅项目,把三山作为他们向海内外推介的窗口;要重点发展三山的文化产业集团,成为文化开发、投资、生产、推广、交流的主力军。镇江三山要打造三国文化、宗教文化、通商口岸、租界文化、救生文化、韩国临时政府旧址、赛珍珠故居等特色文化名片,并向海外推介,打造具有镇江特色的国际文化旅游目的地体系。

人才强旅、科教兴旅战略。21世纪旅游业的竞争,归根结底是人才的竞争。旅游业的快速发展对人才提出了更高要求,人才的开发和培养是保证旅游产业健康、持续发展最可靠、最有效、最有竞争力的法宝。要制定旅游人才培养规划;建立旅游业人才库。坚持以用为本、服务发展;坚持创新机制、人才优先;坚持高端引领、整体开发;坚持优化环境、开放聚才。以培养引进高层次、创新型人才和高技能人才为重点,统筹推进各类人才队伍建设,发挥人才专业特长,为三山旅游业又好又快发展提供坚强的人才保障。要特别重视具有国际视野的职业经理人和创新型高端人才队伍的建设。加强旅游科技教育,建立旅游人才教育培训基地;加强导游等旅游从业人员的培训提高,建立完善旅游人才评价制度,建立旅游业专家学者群和创意人才群,鼓励他们积极参与三山旅游开发的咨询服务活动。

第二节　整合三山文化资源力

文化的优势首先来自资源的优势,文化的竞争首先来自于资源的竞争。有了优质资源就有了竞争优势,而这种资源必须具有不可复制性,这才能具备可持续发展性。可以说,人文资源是三山最大的资源和最大的资本,镇江三山的许多人文资源和人文资本是中国乃至世界唯一的、不可再生的、不可替代的资源和资本,充分利用和开发好这些具有唯一性、权威性的资源和资本,就可以将海内外的人流、物流、商流、资金流吸引到三山来。而要把这种独有资源开发出来,必须构建三山的主题文化,要整合资源,通过主题资源转化、资源延伸、结构升级、创新发展来提高文化资源转换为文化资本的能力;要在加快文化优势产业向支柱产业转换上下功夫,使主题文化资源作用的发挥最大化和最优化。文化资源是一个四维的资源空间,具体包括以下四方面:一是无机层面的气候环境、地理类型的多样性汇聚,如地壳、地貌、地质的条件等。这一类资源的特殊性越强,对于人类社会的价值就越大。镇江三山拥有多种地理地貌,这就为生物的多样性和人文的多样性创造了良好条件。二是有机层面的生态环境,即由以上环境带来的有机层面的生物资源、基因种群的多样富集。生物的多样性也是人文多样性的重要条件。三是在以上物理环境和生态环境基础上形成的人文资源,是民众集体创造和传承的群体文化的 DNA,是历史积淀而形成的文化遗产。四是当代人所创造的文化成果。

从文化生产的需求出发,镇江对三山的文化资源进行了再度审视和整合,使文化资源方面的优势进一步强化。一是整合充实土地资源。镇江三山,原只有金山、焦山、北固山三个互相分割、不相关联的公园,总面积仅为17.23 平方公里。为做强三山文化旅游,扩大了金山、北固山公园面积,增加了西津渡历史街区、伯先公园、征润州等,总面积达 54.84 平方公里,面积扩大了三倍多。二是整合利用水资源。原金山、焦山、北固山公园没有水域面积,现水域面积约为 13.03 平方公里。三是整合扩大生态资源。沿江一线滩涂湿地面积大幅度增加,生态资源良好,为动植物资源的多样性创造了良好条件,现在焦北滩可观看到多种鸟类活动,外围植被水杉、芦苇、油菜长势良好。四是整合历史遗产资源。考古资料证实,新增加的西津渡历史街区 5000 年前就有人类活动,景区扩大后,全国重点文物保护单位由原 3 个增加到 8 个,省级文物保护单位由原 2 个增加到 7 个,非物质文化遗产也有大幅度增加。五是整合旅游资源。按照规划,三山风景名胜区可形成以三山和内江为核心、南北两大景观带和六大景区构成的"两带六区"环江链状布局结构的大景区,新增的西津渡历史街区,景观资源丰富,充分展现了镇江 5000 年的人文渊薮,资源整合后,区域内水域面积大幅度增加,为发展水上旅游,打造长三角独具魅力与活力的城市滨水区创造了条件,景区由原来单一的观光游览发展到观光游憩和休闲体验并重的多功能综合性景区。

镇江三山文化资源很厚重,但有人却抱怨:三山文化资源如此之多,让人一下子陷落在众多资源的旋涡之中,给人一种眼花缭乱、手足无措的感觉,头脑中缺乏印象深刻的文化主题和品牌形象。我们知道,文化资源不等于文化产品,文化遗产不等于文化资本,文化传承不等于文化开发,文化积累也不等于文化产业。文化产品是根据国内外文化市场的需求而研究、开发、生产和分销的,它的最大的竞争特点就是差别化和低价格,也就是说具有不可替代的独特内涵和实用价值。具有品牌标志和领先意义的核心文化产品,是文化价值和商业价值合二为一的精华,它具有引领文化消费时尚、开发全新文化业态的功能,能够发挥出巨大的市场号召力。要把镇江三山文化资源转化成规模化的、文化价值和商业价值兼具的文化产品,并具有可持续性,就需要有强大而高明的转化和开发能力,这种开发和转化能力比资源本身还要重要。

文化资源的开发,需要有借题发挥、点石成金、小题大做的转化能力,应该在准确定位三山文化特色的基础上,结合当代人的需求,塑造特色鲜明且富有文化内涵的品牌产品。这需要抓住三大核心环节:"市场—空间"、"资源—聚合"、"产品—引爆效应"①,只有这样,才能创造出许多全新的文化产业分支领域,形成一个又一个新的财富之源。

镇江三山要把文化资源转化成为巨大的文化生产力,必须从两个方面开展既有侧重而又相互联系的工作:一是立足现实,把握现代人的消费体验和国内外市场的需求;二是回溯历史,解读文化遗产并提炼其中深刻的文化主题,集中力量打造核心产品。这种核心产品依托于当地独特的资源,但又不仅仅依赖于此,它必须与现代国际主流文化市场需求相沟通,与人类文化消费共识相沟通,能将其他地方的资本、创意、人才等吸引移植、优化组合在一起。核心产品的文化质量和商业品位越高,对市场的引爆效应就越强烈,对文化产业的拉动作用就越明显。

许多专家建议,拟重点围绕七大主题进行资源整合,打造镇江三山文化旅游品牌。

打造千古江山品牌。明代陈仁锡说:"京口江山甲天下。"宋辛弃疾《永遇乐·京口北固亭怀古》开篇就称京口是"千古江山"。江山洲岛是三山风景区的最具特色且极具价值的优质旅游资源,拟通过招标,组织创意团队策划开发江山洲岛的自然风光和历史文化,突出江山之奇、江山之变、江山之恋的主题,演绎江山雄伟、江山灵异、江山变迁、江山美人的故事;创意开发欢乐江河休闲体验项目,建设"潮平两岸阔,风正一帆悬"第一帆标志景观、水下江河世界、江豚世界体验馆、江上蹦床桥、万人游长江水上营地、水上极限运动营地等;创意开发"乐养江岛"休闲度假体验项目,突出江洲宝岛靠近城市却远离喧嚣的"净水、净土、净气、净心"特色,形成"世业洲音乐岛、征润洲欢乐岛、江心洲生态岛、扬中美食岛、雷公度假岛、西沙休闲岛"等休闲养生的特色。注重做大、做优、做特以中国戏剧为特色的"传统文化",以长江音乐节为基础的

---

① 花建、郝康理:《文化成都》,人民出版社 2008 年版。

"时尚文化"。

打造吴楚要津品牌。镇江三山处于大江南北冲要,其间有甘露渡、京口渡、西津渡等。西津渡被称为吴楚要津、中国古渡博物馆。西津渡的京口救生会是世界上成立时间最早的专业水上救助打捞机构,是天下救生红船的发源地。因此,我们将突出吴楚争霸、东吴古渡、漕运咽喉、通商口岸、天下红船等主题,深入开掘中国津渡文化,开展亲水、乐水、嬉水游乐活动;沿长江路建设西津渡不夜城水街,模拟古代"漕船出河入江仪式"、战舰陈江等,集中展现古今中外、世界各国各式各样的船舶,打造中国唯一的船世界公园;沿滨江大道建设亲水栈道,开发临水游憩参与式项目。

打造三国文化品牌。新世纪,三国文化并没有随着时间的流逝而淡出人类视野,相反,在日本、韩国、东盟以及港澳台地区研究三国智慧、三国伦理的热度有增无减。据日本著名三国研究专家守野直祯先生介绍,日本松下、丰田、索尼等著名公司高级职员中,都有精通三国学的专家做智囊,为企业规划商战谋略。日本出版的三国与企业商战方面的著作很多[1],所有这些,都足以证明,古典小说《三国演义》在全世界的深远影响。镇江三山是三国东吴文化资源保存最为集中的地方,进行深入的三国文化开掘,扩建古甘露寺,兴建铁瓮城遗址公园、东吴"水上点将台"等三国景观,突出三国英雄、三国智慧、三国人伦等主题,对海内外游客一定会有吸引力。

打造礼佛福地品牌。金山江天禅寺、焦山定慧寺是国务院批准的第一批对外开放的全国重点寺庙,北固山甘露寺也驰名于世。充分挖掘镇江佛文化内涵,以"问佛、礼佛、悟佛、乐佛"为支撑,借助金山水陆法会、焦山祈福法会,打造镇江三山佛教文化影响力;以金山江天禅寺、焦山定慧寺等寺庙为载体,以佛教信徒受戒、参禅、念佛、拜佛和讲习传经为主要内容,开展"佛在我心"、"当一天和尚撞一天钟"的体验互动;重修焦山佛学院,借重星云法师、茗山法师在海内外的影响力,塑造镇江祈福圣地形象;适当设计游客参与性项目,如参与做法事、学习宗教礼仪、研习佛教养身等,培养游客兴趣,吸引游客参与。

---

① 花建、郝康理:《文化成都》,人民出版社 2008 年版。

打造"水漫金山"乐园品牌。《白蛇传》故事位列我国四大民间传说之首。在 2006 年被国务院列入首批国家级非物质文化遗产名录。《白蛇传》故事是镇江地域文化的精金粹玉、文化瑰宝,是镇江最具文化识别度的城市名片。华东师范大学民俗研究所所长、博士生导师田兆元说:一部永远经典的《白蛇传》故事,作为主要传承它的镇江,"水漫金山"是叫得响的,是认知度高、最有文化竞争力、最值得彰显的城市文化名片。金山湖白娘子爱情文化园,应以《白蛇传》故事起承转合的高潮戏《水漫金山》为支撑点、着力点、主景点,形成大规划、大手笔、大投入机制,建设长三角地区富有文化创造力、视觉冲击力、艺术感染力、精神震撼力、产业竞争力的旅游品牌。文化创意产业的发展不仅仅在于对文化资源的开发,更多的必须是文化资源的高科技包装。只有通过色彩斑斓的喷泉水景和世界领先的声光电技术,营造出一种身临其境的超时空美景,营造出摄魂撼魄的艺术魅力,才能强力吸引四面八方的游客,构筑起具有全国唯一性的、无可替代的"水漫金山"主题乐园。新开"白龙洞"洞穴,使游客从金山脚下"白龙洞"游览到金山湖"白娘子故事园","白娘子故事园"里建有"百草山",山上种有各种药草,如金银花、灵芝、葛根、何首乌、五味子、龙胆草、山药、罗布麻、五加皮等,让游客既观赏到《白蛇传》景观,又能了解认识多种中草药,还可以建"百草山休闲养生馆"、"保和堂药缮馆"等。"水漫金山"乐园有各种供儿童和成人参与体验的高科技亲水、乐水项目,用《白蛇传》故事的神来之笔,抒写金山的悠悠神韵和浪漫情怀,打造中国第一神话之城和浪漫之都。

打造诗山词海品牌。中华诗词是中华文化之根、民族精神之光。镇江自古以来就是崇文尚诗的诗乡词海,一城山水一城诗,千古风雅经典多。镇江诗词不仅源远流长、历史悠久,而且光辉灿烂、丰富多彩,还具有清雅秀润、气势磅礴、"唯我独具"的优秀传统。诗词是伴随旅游而产生并在旅游中得到升华的高雅艺术。镇江唐宋名流题咏多,诗人画家文会多,无不与旅游相关。纵观古诗词,大部分诗人都是在旅途和乡间生活中把自己的喜怒哀乐融在对广阔自然景象的描绘中的,他们借景抒情、咏景吟志,留下了千古绝唱。我们要将镇江三山铸造成诗山词海。一是将北固山建成"诗词之山"。北固山风景区的主题文化是三国文化和诗词文化,在北固山建设镇江诗词碑林,集中展示镇江经典诗词,已建北固楼、多景楼进一步丰富诗词文化内容,并选址建设豪放词代表人物辛弃疾的雕塑,复建柳永墓,建"祭柳亭",塑柳永像,在北固山建镇江诗词创作基地。二是将西津渡打造成诗词一条街。恢复西津渡诗词碑林,恢复清代诗人余京及女诗人骆绮兰故居,在西津渡戏台演出诗词歌舞。三是在焦山恢复清王柳(王豫)的"征诗阁",继续开展新时期的征诗活动。四是筹划开辟"吟诗诵词三山游"旅游线路,深入开展"沿着诗词看三山"网民活动,整合文化和景点资源,打造"六朝唐宋元明清,吟诗诵词游千年"诗词文化旅游专线,让"海日生残夜,江春入旧年"、"满眼风光北固楼"、"春风又绿江南岸"、"两三星火是瓜洲"、"一片冰心在玉壶"、"不拘一格降人才"等诗词名句成为最好的导游词。五是创意开发"经典诗词咏三山"旅游文化产品。以"经典诗词咏三山"的内容为主题,面向全国专业和业余文化旅游商品创意设计人才征集专题旅游工艺品,把在"经典诗词咏镇江"艺术创作活动中产生的歌舞书画等多种艺术形式的作品再转化,利用台(挂)历、瓷器、剪纸、奇石、玉雕、根雕、手机音乐、网络音乐等多种载体,开发"经典诗词咏镇江"系列文化旅商品。

打造书画之山品牌。镇江三山是历代书画家隐居或雅集之地。恢复北固山米芾的海岳庵、西津渡张夕庵故居,建设"京江画派纪念馆",将镇江三山打造成书画之山。

文化因子凝练三山精髓,创意策划点燃三山激情。三山品牌的建设,必将开启三山创意时代的到来。

第三节　提升三山文化创新力

创新是一个民族进步的灵魂,是国家兴旺发达的不竭动力。创新也是推进镇江三山文化发展的引擎和动力。资源有限,创意无限。如今创意时代来临,在三山文化发展战略中,是否重视创意人才的培养及其创造能力的锻造,已成为镇江三山在新一轮竞争中能否实现跨越式发展、能否实现发展目标的关键所在。从文化产业的角度看,创新活动包括:思维创新,这是一切创新的前提,既具有超越常规的思维意义,又具有激发投资热点的商业意义;技术创新,就产业发展而言,不但能商业性地应用自主创新的技术,还可以应用合法取得的他人开发的新技术,创造市场优势;产品创新,不但可以占领已有的市场份额,而且可以取得进军新市场空间的机会;组织与制度创新,可以提高生产和服务效率,强化企业竞争力;管理创新,就是把从来没有过的关于生产要素的新组合引入生产体系,提高资源整合效率;营销创新,就是以销售引导开发,培育消费市场;文化创新,就是凝聚员工,推动企业的永续经营。镇江三山文化的发展要实现面向新时期的宏大目标,就一定要大幅度提升文化创新力,这是一项系统工程,必须进行多管齐下的努力。

实行"三个强化",创新发展路径。一是强化规划引领,整合式发展。围绕建设全国著名滨江风景名胜区和旅游产业集聚区的目标,力求以世界眼光、国际化水准,下大气力狠抓以规划编制为核心的基础性工作,如对千分之一地形图的测绘,以及《镇江三山风景名胜区控制性详细规划》、《镇江三山风景名胜区旅游发展规划》、《镇江三山风景名胜区水上旅游规划》、《镇江三山风景名胜区灯光照明规划》等的编制已落实到位,围绕大景区战略,对各类旅游资源进行了重新整合,将原有的 3 个公园整合为 7 个景区。二是强化项目带动,开放式发展。按照"主攻项目,凸现特色,实现跨越"的总体要求,抢抓旅游业发展机遇期,包装大项目,招揽大客商,掀起新一轮招商热潮。引入一批关联度高、辐射力大、带动性强的旅游项目。围绕铁瓮城遗址保护、焦山佛学院重建、焦北滩国家农业观光园、金山文化创意产业园、金山湖水街等重点项目的包装,对一批重大项目进行重点招商推介,着力引进实力雄厚的客商,对金山文化创意产业园、征润洲等进行综合开发建设,形成集聚效应,进一步做大旅游产业规模。旅游产业的培育与壮大是三山景区快速健康发展之本,必须加大旅游成品开发和旅游配套建设力度,做大文化旅游产业和高端服务业。运营好现有旅游设施,确保现有设施旅游收入达 30% 至 50% 以上的年增长;打开思维与理念的"围城",建立多元投入、市场运作的开放式建设机制,引进一批含金量高、带动性强的大项目,在扩大开放中提高景区综合实力;重点打造"白蛇传"水景秀、金山湖水上乐园、金山湖游乐天地、"心醉夜色"水上游、象山"梦幻世界"、焦北滩生态农业园、长江湿地公园等特色旅游产品,增加新的旅游收入来源;金山湖北侧着力推进征润洲主题公园,建设水上运动乐园、旅游集散中心、焦北滩农业公园、焦东滩湿地公园,适应游客需要,增加参与体验项目。把科技创新作为文化发展战略,把科技投资作为战略性投资,利用"声光电"等高科技技术,相继新建了"白蛇传文化展示馆"、"白蛇传水景秀"等,取得好的效果。三是强化资本运营、裂变式发展。加强对宏观经济形势分析和把握,加大融资力度,拓展融资渠道,包括企业债券、信托资金、私募债、中票等,多方面融集资金,推进旅游大项目建设,已完成列入全市"四大行动计划"的长江路生态环境提升工程,"5A"景区提升工程、焦山东部景区建设等各项工程也在快速推进中。结合景区控制性详规报批工作,实现景区内未利用土地价值最大化并向有经营收入的投资项目倾斜,实现可持续健康发展。在做大、做美、做优景区的基础上,积极筹划资本运营,争取股份公司上市。

构建旅游业全产业链,创新产业形态。围绕"吃、住、行、游、购、娱"六要素,加大配套设施建设力度,完善旅游服务功能。加快推动景区产业融合式发展,大力发展与景区相关联的文化创意、智慧旅游等新兴产业,重点在旅游与文化、资源与资本"两个融合"上下功夫。创新产业业态,积极协办长江国际音乐节,主办金山湖帐篷大会、元宵金山湖彩灯节、端午金山湖龙舟赛、金秋环金山湖国际自行车赛、金山湖啤酒节、迎新年祈福撞钟等活动,这些活动,既具有地方传统特色,又具有现代文化元素,不仅为镇江市民津津乐道,而且吸引了大量海内外游客。

为防止旅游产品"老化",景区形象"固化",我们组织专家团队,专题研究了景区如何开拓创新、如何更新产业结构、如何创新产业形态等问题,提出了旅游观念"前卫化",旅游产品"新潮化",文化遗产"活化",自然生态"优化"的一揽子方案,把科技创新作为文化发展战略,把科技投资作为战略性投资,把超前部署和发展战略技术产业作为带动景区文化发展的重要举措,以智慧旅游为平台,全力引领旅游新兴业态,重点打造一泉宾馆改造、旅游品集散中心、"春天里"旅游商业街、金山湖水街等旅游配套设施,壮大旅游"新星"产业,增加税源,聚敛财气。

以聚集人气为重点,创新市场营销。镇江三山以增加客源、集聚人气为重点,加大营销力度。组织设计并确定了景区标牌标识,使景区以统一形象对外推介;在凤凰城市与旅游研究院、北京大学"智慧旅游"课题组联合发布的《2013国家级旅游景区网络媒体形象排名》中,镇江三山排名第二,高于全国许多著名景区;创作的金山湖之歌《问情千千》在第十届中国著名景区主题歌曲大赛中荣获作品金奖,并且在3名金奖中名列第一;策划制定了景区市场开拓方案,重点开拓长三角城市群市场,并积极在京沪线城市做增量,先后赴杭州、上海、南京等城市办营销推介会;发挥政策激励效应,加强与海内外知名景区、旅游组织的友好合作关系,寻找旅游合作伙伴;精心策划组织大节庆营销活动。近年来,三山景区接待游客量同比增加了40%以上,旅游经营收入实现了翻番。

推行"人才特区"新政,创新人才队伍。三山要打造成一流景区,需要一流人才,没有人才,一切美丽愿景都难以实现,缺乏人才,即使拥有丰厚的资源也会"身在宝山不识宝",将遍地黄金当粪土,实现不了资源的价值。从横向上看,根据文化产业本身的特点,要实现一个地区文化产业跨越式的发展,一般需两类人才:一类是以文化内容生产为主的人才;另一类是以文化经营产业化为主的人才。从纵向看,需要合理的高、中、基层人才结构。针对目前普遍缺乏高级管理人才这个问题,围绕实行"人才新政"、创新人才引进方式这个目标,我们引进了一批现代企业管理、市场营销策划、景区开发建设、资本运营等高层次专业人才,借用了专家层次、职业经理、其他智业群体的"外脑",建立了必要的激励机制,做到了不拘一格用人才,大大增强了发展活力。

通过体制创新,创新运营机制。按照"精简、高效"原则,镇江三山进一步理顺了党工委、管委会、文化旅游集团公司的管理职能和运行机制。积极探索三山景区由公园式管理向景区式管理的基本路径;积极探索旅游集团和股份公司所建立的规范的现代企业制度,加快做大做强;积极探索提升三山景区社会治理成效的管理体系。脚踏实地，立足现实，目光长远，跨越发展，从单一的门票收入转向旅游产业链的铺设。一是拉长旅游产业线路，合理设置旅游景点，形成不但要有人来，而且人来了还要留得住，不但留住，还要有"回头客"。二是有满足游客的娱乐休闲设施和购物环境，最大限度地激发游客的休闲热情，从而带动旅游消费的提升。三是旅游景点服务设施的建设和经营实行统一管理，坚决杜绝散、乱、差现象。为尽快实现文化旅游集团公司年度营业收入"爆发式增长"的目标。改变单一的"卖地"盈利模式，以金山创意产业园区为平台，以产业开发与合作的方式，引进战略合作伙伴和战略合作资金，以孵化、提升、集聚、创新为功能，向文化创意等高端服务业领域延伸，培育新兴企业，引入优秀企业，形成一次投入、多次产出的链条，向建立"三山资源·镇江原创·四海推广基地"的目标努力。目前，镇江三山范围内已经出现了一些富有活力的文化产业板块，比如西津渡历史街区，以其成功修复和运作西津渡古街、形成"西津模式"而闻名。这里成为全国最富盛名的中国古渡博物馆，借鉴上海新天地的做法，文化创意＋休闲娱乐＋商住型房地产开发已初见成效；在主景区周边将旧厂房改建成老码头美食园，在这里开设了"镇江锅盖面品鉴馆"、"镇江菜馆"等镇江特色美食，扩大了民俗风情的展示范围，将津渡文化再一次延伸和放大。以文化内容的创造和开发为核心，以人的创意和智慧为原创之源，以数字化的技术开发为延伸，向多领域和多行业扩散。创意产业开发的原子核式"爆轰"，如同一轮喷薄而出、散发着巨大热量和光芒的朝阳，其周边产业也一定云蒸霞蔚、彩虹丽天。旅游集团还将通过采取并购优质资产和企业等措施，快速扩张旅游集团产业规模；采取"舞龙"战略，通过实施资源集中、重点扶持、品牌塑造等手段，将"龙头、龙身、龙尾"等连接起来，形成上下联动、巨龙腾飞的格局，同时在飞跃发展中将自身打造成为巨龙型企业。企业驱动，市场拉动，必将带动区域提升。随着文化旅游产业集团这一文化"航母"的形成，三山经济和文化必然可以形成新的核心竞争力增长极与主题文化能量辐射源。

第四节 扩大三山文化影响力

旅游业是注意力经济，也是影响力经济，在一定意义上说，宣传也是生产力。在当今的信息化时代，要充分发挥各种媒体的功能，使其以关怀的态度、发现的眼光向世界介绍镇江三山文化。推进镇江三山旅游大发展，既要打造好文化品牌，又要注重品牌项目的宣传推介，为三山文化旅游鸣锣开道。只有在旅游市场营销上不断有新举措、新突破，才能使镇江三山文化在创意宣传中亮点纷呈，熠熠生辉，光彩夺目，才能不断提升其在旅游市场的竞争力和占有份额。

文化旅游产业的发展需要较长时间的培育，打造三山文化品牌需要有大气魄、大眼光、大智慧、大手笔。"酒好也怕巷子深"，品牌的成长离不开市场宣传，打造三山文化品牌也需广告的帮助。国内外许多城市为振兴地方产业，利用旅游活动做广告宣传，结合招商引资、资源开发等活动，在欧洲甚至几十个城市联合做宣传，取得了良好的营销效果。近年来，国内许多省份和城市注重在媒体上做品牌宣传，有的还纷纷在央视亮相，取得了好的效果。对此，要从上到下，层层重视，采取有效措施，做到抓一项成功一项，要彻底改变"散兵游勇"、"小打小闹"、"虎头蛇尾"、"一锤子买卖"的状况，要做到"好风凭借力，送我上青云"。

扩大三山文化品牌的影响力，需要制定明确而富有远见的传播战略，要从景区的方方面面入手，打造宣传点。宣传要把握自然景观的特色、人文景观的精髓，力求"新奇特"，要有针对性、鼓动性、感召力和吸引力。政府和有关部门要整合运用各种新闻媒体力量、宣传渠道，经常性地报道或介绍三山文化之特、三山文化之变、三山文化之新，尤其要重点抓住在全国乃至国际有影响的三山信息，向社会推出三山文化的崭新形象；要寻找与影视、动漫、图书等版权产业的嫁接良机，创立三山文化品牌。

宣传镇江三山文化要树立"城市即旅游"的"大文化、大旅游"发展理念，精心策划，统一包装，上下联动，整体推介，多层次、多角度、多空间揭示三山文化的精髓，塑造三山文化形象。要加强有针对性的主题宣传和线路推介，进行市场细化，针对不同游客，进行市场开发、项目推介；针对境外游客对文化旅游的需求偏好，可培育面向境外游客的市场，打响国际牌；针对欧美游客，可深度挖掘西津渡历史街区的"租界遗址文化"、"通商口岸文化"以及"近代传教士文化"等；对韩国游客重点推介镇江"韩国临时政府"遗址文化等；对台湾游客，重点推介游览大西路、伯先路民国历史街区，让游客了解辛亥革命与镇江的关联等；针对国内中远程市场，主动融入长三角旅游经济圈，乘此次"旅游经济快车"，开展区域旅游联手推介，共同开发客源市场。

宣传镇江三山文化时，要善于"借鸡生蛋"，"借梯上楼"，加强与上海、南京、杭州、苏州、无锡、常州、扬州、泰州等城市的联系与协作，积极推行"区域联动、行业联合、企业联手、媒体联姻、电子联网"的大旅游促销战略。

我们还要"借船出海"，千方百计利用国际文化组织驻中国东部的代表和分支机构从事国际文化交流和咨询等服务性工作，让三山的信息向国际传播；依托国际国内大型旅游机构，向境外游客推介三山，提升三山的国际知名度和美誉度，加快三山文化投资的国际化进程。

镇江三山首先是镇江人的三山，要扩大三山文化的影响力，需要调动镇江全体市民的参与意识；三山文化品牌的塑造过程需要镇江城市的整体努力，没有广大市民的积极参与，三山文化品牌的塑造目标是难以实现的。巨大的动员力，不但体现着执政能力，更体现了城市文化的凝聚力和文化品牌的深入人心。应高度重视广大市民的作用，建立市民参与机制，调动市民参与三山文化品牌建设，让全市上下为共同铸造三山文化品牌而努力。

镇江三山是镇江城市的名片，三山文化是镇江文化的神髓。历代帝王将相、文人墨客歌颂镇江三山的诗歌数以万计，其中一首七绝特别为镇江人心仪：

长江好似砚池波,提起金焦当墨磨。

铁塔一支堪作笔,青天能写几行多。

这首诗想象丰富,比喻奇巧,饶有创意,向人们描绘了一幅长江与金、焦、北固融为一体的水墨长卷。我们可以料定,今天的三山人也将一定会循着作者的诗意,以金、焦、北固为笔墨,在江河交汇的镇江大地上,谱写出镇江三山文化更为光辉灿烂的新篇章。

参考文献

[1] 二十五史[M].北京:中华书局,2010.

[2] (宋)司马光.资治通鉴[M].北京:台海出版社,1997.

[3] (汉)赵晔.吴越春秋[M].南京:江苏古籍出版社,1993.

[4] (宋)王存.元丰九域志[M].北京:中华书局,1984.

[5] (清)杨棨.京口山水志[M].宣统三年刻本.

[6] (唐)许嵩.建康实录[M].北京:中华书局,1986.

[7] (唐)李古甫.元和郡县图志[M].北京:中华书局,1984.

[8] (宋)卢宪.嘉定镇江志[M].宣统二年刻本.

[9] (元)俞希鲁.至顺镇江志[M].南京:江苏古籍出版社,1990.

[10] (唐)李吉甫.元和郡县志[M].光绪六年刻本.

[11] (清)吕跃斗.丹徒县志[M].光绪五年刻本.

[12] 高觐昌.续丹徒县志[M].民国十九年刻本.

[13] 李恩绶.丹徒县志摭余[M].民国七年刻本.

[14] 中国地域文化[M].济南:山东美术出版社,1997.

[15] 中国文化杂说[M].北京:燕山出版社,1997.

[16] 范周.中国文化产业新思考[M].北京:光明日报出版社,2010.

[17] 严其林.镇江史要[M].苏州:苏州大学出版社,2007.

[18] 程天龙.镇江山水[M].苏州:苏州大学出版社,2007.

[19] 范然.镇江名人[M].苏州:苏州大学出版社,2007.

[20] 裴伟.镇江诗文[M].苏州:苏州大学出版社,2007.

[21] 镇江市地方志办公室.镇江掌故[M].1996.

[22] 范然,贾婧.中国古渡博物馆——西津渡[M].上海:上海文艺出版

社,2007.

[23] 范然.金山诗选[M].南京:南京大学出版社,1987.

[24] 范然.北固山诗词选[M].南京:南京大学出版社,1989.

[25] 范然,贾婧.西津渡诗词选[M].上海:上海文艺出版社,2007.

[26] 陈从周.园林清议[M].南京:江苏文艺出版社,2005.

[27] 霍义平,高曾伟.千古江山[M].南京:江苏人民出版社,2004.

[28] 范然,张立.江河要津[M].南京:江苏人民出版社,2004.

[29] 花建,郝廉理.文化成都[M].北京:人民出版社,2008.

[30] 陈凯,史红亮.区域文化经济论[M].北京:经济科学出版社,2014.

[31] 镇江市文广新局.镇江物质文化遗产文物保护单位图录[M].南京:江苏大学出版社,2013.

后记

　　为深入贯彻落实党的十八大和十八届三中、四中、五中全会精神,习近平总书记系列重要讲话精神,特别是视察江苏重要讲话精神,推动江苏文化建设迈上新台阶,由省社科联牵头,各省辖市社科联组织联系相关专家学者,历时近两年,编撰《江苏地方文化名片丛书》。丛书以省辖市为单位,共分 13 卷,每卷重点推出该市一张具有代表性的文化名片,全面阐述其历史起源、发展沿革、主要内容和当代价值等,对于传承江苏地方文化精粹,打造江苏地方文化品牌,塑造江苏地方文化形象,具有积极的推动作用。

　　省委常委、宣传部部长王燕文高度重视丛书的编撰工作,担任丛书编委会主任,给予关心指导,并专门作序。省委宣传部副部长双传学,省社科联党组书记、常务副主席刘德海,党组副书记、副主席汪兴国,党组成员、副主席徐之顺担任编委会副主任。各市市委常委、宣传部部长和省委宣传部理论处处长李扬担任编委会委员。刘德海担任丛书主编,全面负责丛书编撰统筹工作,汪兴国、徐之顺担任丛书副主编,分别审阅部分书稿。省社科联研究室原主任崔建军担任丛书执行主编,具体负责框架提纲拟定和统稿工作。陈书录、安宇、王健、徐宗文、徐毅、朱存明、章俊弟、尹楚兵、纪玲妹、许建中、胡晓明、付涤修、常康参与丛书统稿。省社科联研究室副主任刘西忠,工作人员朱建波、李启旺、孙煜、陈朝斌、刘双双等在丛书编撰中做了大量工作。

　　《镇江三山文化》卷由中共镇江市委书记夏锦文作序,市委常委、宣传部部长曹当凌担任主编,潘法强、王梅芳任副主编,镇江市社科联组织专家编撰。王玉国、范然、张大华、徐苏、姜琴芳、何汉生具体承担编撰工作。陈大经及镇江市博物馆提供了书稿配图。纪东、沈伯素、高曾伟、刘昆、陆智国、李德柱、杨洋、李臻、唐明觉、邵利明、薛玉刚、汪建莉、徐晓丽、钱永波、李壮云、笪远毅、孙润祥、程天龙等对本书编撰提供了热心帮助和支持。

省新闻出版广电局、各市委宣传部、市社科联对丛书的编辑出版工作给予了大力支持。值此，谨向各有关部门、专家学者和南京大学出版社表示衷心的感谢！由于时间较紧，编撰工作难免疏漏，恳请批评指正。

2015 年 12 月